O cavaleiro de Numiers

Yvonne A. Pereira

O cavaleiro de Numiers

Romance da mesma série de
Nas voragens do pecado e *O drama da Bretanha*

Pelo Espírito
Charles

Copyright © 1973 *by*
FEDERAÇÃO ESPÍRITA BRASILEIRA – FEB

11ª edição – 16ª impressão – 6 mil exemplares – 1/2024

ISBN 978-85-7328-776-9

Todos os direitos reservados. Nenhuma parte desta publicação pode ser reproduzida, armazenada ou transmitida, total ou parcialmente, por quaisquer métodos ou processos, sem autorização do detentor do *copyright*.

FEDERAÇÃO ESPÍRITA BRASILEIRA – FEB
SGAN 603 – Conjunto F – Avenida L2 Norte
70830-106 – Brasília (DF) – Brasil
www.febeditora.com.br
editorial@febnet.org.br
+55 61 2101 6161

Pedidos de livros à FEB
Comercial
Tel.: (61) 2101 6161 – comercial@febnet.org.br

Adquirindo esta obra, você está colaborando com as ações de assistência e promoção social da FEB e com o Movimento Espírita na divulgação do Evangelho de Jesus à luz do Espiritismo.

Dados Internacionais de Catalogação na Publicação (CIP)
(Federação Espírita Brasileira – Biblioteca de Obras Raras)

C475c   Charles (Espírito)

        O cavaleiro de Numiers / pelo Espírito Charles; [psicografado por] Yvonne do Amaral Pereira. – 11. ed. – 16. imp. – Brasília: FEB, 2024.

        232 p.; 23 cm – (Coleção Yvonne A. Pereira)

        Romance da mesma série de *Nas voragens do pecado* e *O drama da Bretanha*.

        ISBN 978-85-7328-776-9

        1. Romance espírita. 2. Espiritismo. 3. Obras psicografadas. I. Pereira, Yvonne do Amaral, 1900–1984. II. Federação Espírita Brasileira. III. Título. IV. Coleção.

                                                           CDD 133.93
                                                           CDU 133.7
                                                           CDE 80.02.00

Sumário

Ao leitor   7
Prólogo: Uma reunião espiritual   9

Primeira Parte:
A bastarda de Stainesbourg   15

1 Amor espiritual   17
2 Henri Numiers   27
3 A bastarda de Stainesbourg   31
4 E um destino é traçado   37
5 Berthe de Sourmeville   45
6 O futuro obsessor   53

Segunda Parte:
A ovelha rebelde   61

1 Onze anos depois   63
2 Volta o passado   69
3 Dúvidas   75
4 Tentativas salvadoras   83
5 A fuga   89

Terceira Parte:
Um coração supliciado — 95

1 O camponês soldado — 97
2 Os esposos — 105
3 A intrigante do século XVI — 115
4 Henri é transformado em fantoche — 119
5 O erro supremo — 127

Quarta Parte:
Uma alma sem paz — 137

1 O suicida — 139
2 O bálsamo celeste — 147
3 Henri compreende que foi vingado pela ordem natural das coisas — 153
4 Onde se vê que nem sempre se está só — 161
5 A pérola de Bruges — 171
6 Onde se vê que a astúcia vence a força — 177

Quinta Parte:
No mundo real — 187

1 O antigo lar — 189
2 Ocaso — 195
3 O despertar — 201
4 As primeiras lições — 211
5 Preparativos — 219

Epílogo: A volta — 225

Ao leitor

Tal como *O drama da Bretanha*, este novo romance foi-me ditado do mundo espiritual há quarenta anos. Seu primitivo autor foi, igualmente, a entidade espiritual que se nomeava Roberto de Canalejas. Mas, como ficou dito, essa entidade despediu-se para a reencarnação, e o livro ficou inacabado e imperfeito. Durante todo esse tempo mantive-o arquivado, e jamais imaginei que um dia viria ele a ser concluído. Muitas vezes fui mesmo tentada a queimá-lo, a fim de desocupar gavetas que me eram necessárias. Mas contive-me, esperando o futuro. Escrevi-o em minha mocidade, para concluí-lo já com os cabelos brancos.

Como vemos, a série a que compreende *Nas voragens do pecado*, *O cavaleiro de Numiers* e *O drama da Bretanha* foi ditada de trás para diante, pois o último livro da série foi, justamente, o primeiro a ser escrito, isto é, *O drama da Bretanha*. Nos dias presentes, ao receber ordem de ultimar o trabalho, surpreendi-me ao verificar que se tratava do prosseguimento do romance *Nas voragens do pecado*, obtido do Espaço em 1957 e 1958, o primeiro da série, portanto. À entidade *Charles*, amado amigo do plano espiritual, devo a conclusão e a revisão do presente volume. Não fora a sua paciência de iluminado e a boa vontade em aproveitar páginas que tantos sacrifícios custaram a Roberto de Canalejas e a mim, e, certamente, se perderiam essas advertências doutrinárias que — quem sabe? —, poderão ser úteis a quem as ler. Assim sendo, não tenho escrúpulos em dar a autoria de mais este livro à entidade Charles. Roberto esboçou-a, deixando-a inacabada. Charles levantou-a, redigiu-a, concluiu-a.

Que o leitor a aceite com simpatia é o meu desejo.

Yvonne A. Pereira
Rio de Janeiro (RJ), 5 de setembro de 1972.

Prólogo
Uma reunião espiritual

Penalizado com o drama a que eu pudera assistir investigando, por mercê de Deus, as vibrações da luz circunjacentes à aldeia de Saint-Omer, na província francesa da Bretanha, roguei ao Todo-Poderoso me permitisse investigar ainda as suas causas remotas, ocorridas na Flandres Ocidental.[1] Não me seria fácil o trabalho. Extrair da ambiência etérica de uma localidade os episódios ocorridos em seus cenários e nela fotografados é tarefa melindrosa, exaustiva. Mas pensei:

— Quem sabe se desse exaustivo labor não resultariam lições instrutivas para mim mesmo ou para outrem?

Dirigi-me, pois, à Flandres Ocidental. Pus em ação as potências sagradas da minha alma. Levantei as energias da própria vontade, e comecei a investigar as vibrações tumultuadas e confusas daquele recanto da Terra. Eu fora informado pela ação do próprio Arnold Numiers, obsessor de Andrea de Guzman, de que os fatos ligados, no passado, a ele próprio, a seu filho Henri e a Andrea, haviam se desenrolado nas proximidades de Bruges, cidade marítima, velha capital da Flandres Ocidental, e cujos cenários foram as aldeias de Stainesbourg e de Numiers, pelo século XVII. Ser-me-ia necessário, portanto, varrer, com as forças do meu pensamento

---

[1] N.E.: Referência ao romance *O drama da Bretanha*. Flandres Ocidental e Flandres Oriental são províncias da Bélgica. A Flandres Ocidental tem como capital *Bruges*; a Oriental, *Gand*.

e da minha vontade, cerca de três séculos de vibrações sobrepostas nas ambiências de Bruges e suas localidades vizinhas, pois que, em verdade, fora no início do século XX que eu obtivera a possibilidade de conhecer o drama ocorrido na Bretanha, pelo raiar do século XIX. Dirigi-me, pois, para aquela província flamenga, preferindo planar pela orla marítima... e foi o que se segue o que pude descobrir em sua ambiência etérica, isto é, os fatos que deram causa aos tristes acontecimentos verificados com a família de Guzman, na aldeia de Saint-Omer, na velha e inesquecível Bretanha.

* * *

Pela segunda metade do século XVII, houve uma reunião de mentores espirituais nas adjacências atmosféricas da Flandres Ocidental. Baixaram da região espiritual em que habitavam, a fim de patrocinarem o retorno ao plano terráqueo de certas individualidades, necessitadas de nova etapa reencarnatória, no intuito de confirmarem resoluções tomadas durante o estágio espiritual, e novas tentativas de progresso. Essa falange, em trânsito entre o Espaço e a Terra desde os tempos de Roma, provinha, agora, da França do século XVI. Muito se havia afeiçoado à França desde a Idade Média, cujo progresso auxiliara com o próprio trabalho no setor que lhe competia. Compunha-se tal falange de uma numerosa família de Espíritos afins, e que, desde os dias de Roma, encarnavam em conjunto, fiéis a um sentimento de amor que tocava as raias do egoísmo, mas cuja dedicação ao bem obtivera o beneplácito divino pela sinceridade de que davam constantes testemunhos.

O nome dessa família, em sua última existência, verificada em França, durante o governo de Carlos IX[2] e Catarina de Médici, era Brethencourt de La-Chapelle. Dois de seus representantes deveriam reencarnar na tentativa de fortalecerem os laços de mútuo amor, afrouxados por circunstâncias dolorosas naquele século. Eram eles: Ruth Carolina de La-Chapelle e Luís de Narbonne.

---

[2] N.E.: Carlos IX da França, filho de Henrique II e de Catarina de Médici. Foi rei da França de 1560 a 1574.

Uma outra personagem se lhes juntaria, ciosa de reparações do mal causado a Luís de Narbonne e da reconciliação definitiva com o mesmo, pois, aliada a Ruth Carolina, causara-lhe graves danos. Era o príncipe Frederico de G., cúmplice de Ruth Carolina no crime praticado contra aquele.

Três voluntários havia, porém, que desejavam seguir a pequena falange emigrante para os cenários terrenos: Carlos Filipe I e Carlos Filipe II, de La-Chapelle, os quais pretendiam proteger aqueles que lhes eram caros desde etapas passadas, e dama Blandina d'Alembert, projetando desagravar, agora, a consciência da cumplicidade no crime contra Luís de Narbonne, ao lado de Ruth Carolina.

A esses juntava-se monsenhor de B., aspirando viver ao lado do seu amado Luís para todo o sempre, e também Reginaldo de Troulles, que se dizia amigo de monsenhor de B. e de Luís de Narbonne, mas que, em verdade, se enamorara de Ruth apesar da própria repugnância e do desejo que tivera de desgraçá-la para vingar Luís.

Tratava-se, portanto, de Espíritos ainda moralmente prejudicados pelas paixões, e que precisavam de etapas novas de progresso, à exceção de Carlos Filipe I e Carlos Filipe II, almas cândidas, em franco ressurgir para a redenção.

Os demais representantes da família reencarnariam em outras localidades, a fim de atingirem novos progressos, servindo o próximo, como havia muito faziam.

Os guias espirituais desses candidatos à reencarnação advertiam-nos da grande responsabilidade que lhes cabia, pois seguiam para uma experimentação nova, e os testemunhos eram pesados. Poderiam cair em tentação novamente, se suas vontades não fossem muito fortes e sua fé legítima. Que buscassem as coisas de Deus e se esforçassem por cultivar os dons da alma, que eram salvadores. Ruth Carolina e dama Blandina deviam grandes reparações a Luís de Narbonne. Deveriam realizá-las a bem do próprio progresso espiritual. Frederico de G. esforçar-se-ia por se tornar irmão de ambos, isto é, de Ruth e de Luís, pelo puro afeto do coração e do espírito. Monsenhor de B. abraçaria em Ruth e Luís filhos muito amados. Reginaldo de Troulles, porém, foi desaconselhado a seguir o pequeno grupo. Mas insistiu no propósito, e seu livre-arbítrio foi respeitado. Não obstante, foi igualmente aconselhado a como deveria agir para não se desviar do caminho do dever, responsabilizando-se, então, ele próprio, pelos atos que praticasse contrariando os conselhos recebidos. E repetiram os mentores espirituais aos comparsas do grande drama, reunidos para ouvi-los, às vésperas do retorno à Terra:

— Todos vós tendes possibilidades de vencer, pois recebestes nosso auxílio reeducativo enquanto estivestes conosco. Mas, se não perseverardes no bem e no amor a Deus, poderei delinquir, pois a Terra é eivada de paixões que vos poderão atingir e desviar da rota que devereis trilhar. A carne atraiçoa muitas vezes a vontade do Espírito, se o desejo do bem não se fizer bastante forte. Sereis auxiliados na Terra pelas nobres almas de Carlos Filipe I e Carlos Filipe II, de La-Chapelle. Segui os seus exemplos e conselhos, os quais serão o eco de nossas advertências. Se esquecerdes nossas ponderações, e reincidirdes no erro, as consequências serão desastrosas para o vosso futuro. Ide, pois, para a grande batalha das reparações das faltas cometidas contra o próximo e, portanto, contra Deus. Dai os testemunhos que deveis à lei suprema e à vossa consciência. Porfiai por não esquecerdes que sois filhos e herdeiros do Todo-Poderoso e, por isso, lhe deveis amor e respeito. E lembrai-vos da grande sentença proclamada pelo Cristo de Deus, sentença que é o supremo dispositivo da lei: "*A cada um será dado segundo as próprias obras.*[3] Segui, filhos queridos, e que o Céu se apiede de vós".

Prepararam-se, pois, as entidades reencarnantes, e atingiram a Terra nas seguintes condições pessoais:

---

[3] N.E.: *Mateus*, 16:27.

Luís de Narbonne, o "Capitão da Fé", do séc. XVI, como o *cavaleiro Henri Numiers*.

Ruth Carolina de La-Chapelle como Berthe de Sourmeville-Stainesbourg.

Carlos Filipe I como o padre Romolo Del Ambrozzini.

Carlos Filipe II como o professor padre Antoine Thomas, conde de Vermont.

Monsenhor de B. como o camponês Arnold Numiers, pai de Henri.

O príncipe Frederico de G. como o barão Louis Fredérych de Stainesbourg.

Dama Blandina d'Alembert como a camponesa Marie Numiers, esposa de Arnold e mãe de Henri.

Reginaldo de Troulles como Ferdnand de Görs, conde de Pracontal.

E novo drama de paixões e aventuras desencadeou-se nos cenários da Terra, próprio, como tantos outros, de um planeta de provas e expiações, onde reencarnam réprobos e delinquentes.

Primeira Parte

A bastarda de Stainesbourg

1

AMOR ESPIRITUAL

Ao sopé das antigas vertentes que desciam para Bruges, a velha capital da Flandres Ocidental, e caminhando abertamente para o Norte, erguia-se a pequena aldeia de Stainesbourg, cujo panorama inconfundível impressionava o viajante pela majestade dos seus pinheiros possantes como os lendários gigantes da Germânia. Mal o Sol declinava sua auréola de forças rumo do Ocidente, pesada nostalgia de sombras velava o pequeno burgo enquanto as neves constantes dos montes mais distantes refrescavam o ar, antes mesmo do anoitecer, impelindo os camponeses ao aconchego da lareira, se o outono entrava derrubando as folhas do arvoredo.

Nada mais gracioso do que o casario modesto, de balcões floridos e tetos de colmo agrupado em torno do templo religioso consagrado a Nossa Senhora, cujos sinos festivos, dolentes ou piedosos, repercutiam gradamente nas almas simplórias dos aldeões, quais símbolos queridos de bênçãos cotidianas. Imersa em quietação, pacata e serena, com suas flores, suas casas com janelas ornadas de cortinas azuis a saudar os transeuntes, se a viração era mais forte, seu cemitério em redor da Igreja, a aldeia de Stainesbourg era como um santuário de paz na belicosa Europa do século XVII.

O padre Romolo Del Ambrozzini era o pastor espiritual das simplórias ovelhas de Stainesbourg e suas aldeias satélites: Numiers e Fontaine. Oriundo de uma família de nobres romanos, bem cedo abandonara ele o esplendor do ambiente em que nascera pelo duro ministério de nortear almas rebeladas para o aprisco do Senhor. Era sábio, virtuoso e modesto, e seu lema, por ele honrado até o sacrifício, resumia-se nesta singela frase:

— Tudo pelo amor de Deus!

Esse "tudo", explicava ele, se lho perguntassem, era "o sacrifício contínuo a que o amor nos leva".

Os últimos sons do sino, tangendo docemente o Angelus,[4] rolavam ainda pela nave do templo silencioso. Padre Romolo, diante do altar por ele amado como símbolo de obediência e veneração, oferecia à Virgem as homenagens da tarde, enquanto além, no coro singelamente esculpido, seu pupilo Antoine Thomas de Vermont dava asas à inspiração que lhe fervilhava na alma, tirando do harmônio um daqueles hinos com que diariamente acompanhava os ofícios religiosos.

Lá fora, pelos campos, a tarde enlanguescia como se se prosternasse para também orar, enquanto os aldeões, ouvindo o planger comovedor dos sinos evocando a famosa aparição de Gabriel à Virgem de Nazaré, cessavam o trabalho e o vozerio para dizer respeitosos:

— Lá está o nosso bom pastor, rogando à Virgem por nós. Oremos também com ele.

E como que uma vibração de eflúvios celestes dulcificava o ambiente fraterno da aldeia.

---

[4] N.E.: Oração do meio-dia.

Corria o ano de 1680, e o rei Luís XIV[5] de Orléans governava a França.

Pela nave já se perdiam, lentas e suaves, as derradeiras vibrações dos sinos e da música, que a alma de artista que era Antoine Thomas de Vermont bebera na fonte das inspirações felizes, e seus passos, também lentos, agora se deixavam ouvir descendo os degraus que levavam à sacristia.

Antoine Thomas circunvagou o olhar melancólico pelo recinto. Padre Romolo demorava-se ao altar. Chegou-se, então, para o umbral da porta que deitava para o jardim do templo, cruzou os braços sobre o peito, apoiou-se no portal, e, fitando o céu pardacento que começava a recamar-se com o brilho das constelações, suspirou profundamente, e esperou.

Antoine Thomas era um varão de pouco mais de 30 anos. Nascera em certa aldeia da Provença, de família nobre, mas sem grandes patrimônios. Órfão de pai aos 5 anos, sua mãe, paupérrima, confiara-o aos monges de Saint-Sulpice, para que se educasse e tomasse ordens, pois a vida religiosa sempre fora digna da nobreza, já que ela, sua mãe, não possuía recursos para custear-lhe os armamentos necessários à vida militar. Romolo fora seu mestre no convento, afeiçoara-se profundamente ao menino, e, quando a mãe entregava a alma a Deus, recebera dela a tutela da criança, já então com 17 anos, e nunca mais se separara dele. Ordenando-se, Antoine Thomas tornara-se também professor, pois era senhor de grande cultura intelectual e artística, exercendo sua profissão não apenas entre os nobres, mas repartindo-se também em benefício dos menos favorecidos da sociedade. E, modesto, leal, sóbrio de costumes, seguia Romolo nas empresas beneficentes a que este se dedicava, por desejar pautar a própria vida pelos ensinamentos cristãos. E agora ali viviam, voltados para Deus e o trabalho, espalhando o bem por toda parte, e protegendo os pequeninos,

---

[5] N.E.: Luís XIV, rei da França de 1638 a 1715. Filho de Luís XIII e Ana de Áustria.

ali, nas modestas e floridas aldeias de Stainesbourg, de Numiers e de Fontaine. Antoine Thomas era belo e fino de maneiras, um cavalheiro na mais completa acepção do termo.

Nessa tarde de outono, apoiado no umbral do templo consagrado a Maria, a tristeza do moço artista tinha uma razão mais forte. Antoine Thomas pensava em seu amigo, o cavaleiro Henri Numiers, o mais abastado proprietário das três aldeias, depois do barão Fredéryc de Stainesbourg, de quem fora vassalo, senhor da Quinta Numiers e da aldeola que a circundava, e o mais considerado e temido espadachim em 10 léguas ao redor. Pensava em Berthe de Sourmeville, a bastarda de Stainesbourg, senhora da região, filha de um conde e neta de um moleiro, esposa de Henri, ao qual acabara de perjurar, atraiçoando os votos do matrimônio.

Subitamente, uma voz solícita murmurou às suas costas:

— Vamos, meu filho, os rapazes esperam as aulas da noite...

Voltou-se e viu Romolo, já embuçado na capa, disposto a sair.

— Senhor! — respondeu ele — preparai-vos para mais uma notícia desoladora...

— Já a percebera em ti, meu caro Thom. Podes dizer-ma sem rodeios. Certo estou, no entanto, de que não te diz, a ti, respeito. Tu jamais cessas a vigilância em torno de ti mesmo, razão porque a ti mesmo e a mim poupas dissabores...

— Apesar disso, não cesso de sofrer...

— Graças aos teus generosos impulsos pelo próximo, sim... sofres.

— Sim, meu pai! O pobre Henri Numiers embebedou-se hoje como jamais o fez. Provoca distúrbios e conflitos por onde passa, espancou mestre Félix, o taverneiro, que ousou pô-lo para fora do seu albergue; mediu-se a faca com Jacques Sobreil e Camille Courriol, que se atreveram a remoques insultuosos referentes à esposa perjura, e marcou-os rudemente na face.[6] Ameaça céus e Terra e brada que atacará o castelo de Stainesbourg com a rapaziada de nossas três aldeias, a qual vem aliciando e adestrando em armas, e com os lobos que puder apanhar na floresta, a fim de exterminar a raça dos que o desgraçaram, roubando-lhe a esposa, pois responsabiliza os Stainesbourg em geral pelo ato deplorável de sua Berthe e de Louis de Stainesbourg.

— Não procuraste moderá-lo, trazendo-o ao Presbitério, como das demais vezes?

— Desconheceu-me hoje pela primeira vez, e espancou-me. Pobre Henri! Tenho pressentimentos de que não o salvaremos, meu pai! Ele perde-se irremediavelmente em choques contra o próprio desespero.

Padre Romolo não respondeu a seu pupilo. Tampouco voltou este a falar. Encaminharam-se, no entanto, para a encruzilhada que dividia a aldeia em dois bairros distintos, deixaram à esquerda o Presbitério, onde residiam e mantinham uma escola e hospedagem para alunos e viajantes pobres, e buscaram as vielas que se iam reunir na praça à frente da taverna de mestre Félix, mal-afamado pouso de vagabundos e desordeiros que pelo burgo transitavam.

No entanto, se a algum mortal fosse possível devassar o pensamento daqueles dois generosos homens, compreenderia que o de Romolo Del Ambrozzini rememorava fatos, lamentando sucessos recentes, enquanto

---

[6] N.E.: Desde a Renascença, era de uso antagonistas se medirem em terríveis duelos a faca, por qualquer motivo, cabendo a vitória àquele que conseguisse ferir o adversário na face, traçando-lhe uma cruz ou uma meia-lua com seus golpes. Os albergues mal-afamados especulavam com esse uso por lhes ser vantajoso, visto que aos beligerantes alugavam facas apropriadas para o exercício. Esse bárbaro costume, comum desde a Renascença, talvez desde a Idade Média, na Holanda e nas duas Flandres, passou-se para a Espanha, e aí se aclimatou até o século passado. Tais duelos, porém, muito usados também por ciganos, nunca eram mortais.

seus passos pesados mediam o caminho, e o pupilo amparava-o, oferecendo-lhe o braço:

— Dilacera-me a alma, Senhor, perceber que se precipita de queda em queda, em um abismo cujo término considero imprevisível, esse pobre Henri a quem vi nascer, a quem levei as águas do batismo, e ensinei a leitura e as contas. Inspira, Senhor, ao teu servo, recurso eficiente para salvá-lo agora, quando, desde sua infância, eu o aconselho e advirto em vão, tentando combater-lhe a descrença em Deus, que parece ter surgido com ele do próprio berço. Ó, Henri, Henri! Lembro-me ainda! Foi ontem mesmo, meu Deus, há três primaveras, apenas! Era em junho, quando as roseiras se mesclavam sobre os canteiros, acendendo aromas pelos ares, e as cerejeiras enrubesciam-se de saborosos frutos. Vi-os entrar no templo de Nossa Senhora, formosos ambos na sua fulgurante mocidade, para lhes abençoar os esponsais. Ele, Henri Numiers, na sua farda de cavaleiro, com espada à cinta, radiante na glória do seu amor vitorioso, orgulhoso da ventura que lhe faiscava estranhas claridades no olhar. Ela, Berthe de Sourmeville, tão linda e tímida, pálida como as rosas de setembro, de olhos baixos, rasos de lágrimas, indecisa e encantadora como um sonho de Rafael.[7] E caminhavam para mim, que os esperava aos pés do altar, ditoso por lhes celebrar as bodas, quando já lhes ministrara o batismo e a educação da infância. E que festa então se fez naquele dia, neste burgo que parecia ser o pouso da felicidade! Toda a aldeia vibrou com os noivos, na glória do matrimônio! Mas tudo passou, meu Deus! Foram três anos rápidos de felicidade!... Apenas três anos! E no lugar da ventura eterna que então eu lhes augurei, do fundo da alma, que contemplo eu neste momento? Um ébrio incorrigível lamentando o perjúrio de uma adúltera. Misericórdia, ó meu Deus!

Ao passo que monologava Antoine Thomas de Vermont:

---

[7] N.E.: Rafael Sanzio (1483–1520), pintor, escultor e arquiteto italiano. O seu gênio reunia todas as qualidades: perfeição do desenho, vivacidade dos movimentos, harmonia das linhas, delicadeza do colorido. Deixou grande número de obras-primas. É considerado *o poeta da Pintura*, como Ovídio foi considerado *o músico da Poesia* e como Chopin é considerado *o poeta da Música*.

O cavaleiro de Numiers

— Ébrio uma vez ainda, ébrio sempre, desde que ela se foi, destruindo-lhe a felicidade. É a paixão, a vergonha pelo ato indecoroso da mulher amada que o desgraça, pois dantes não era assim. Ah, Berthe, Berthe! Que mistérios magnéticos existirão em tua alma, para assim perderes de amor a quantos varões se aproximam de ti? Franz Schmidt, que se envenenou e morreu, por ter tido a desventura de amar-te; Manfred, que se exilou para a Holanda, tentando esquecer o teu desprezo; Rudolph, que por pouco não enlouqueceu, ao constatar que te divertias à sua custa, em vez de amá-lo, como ele pretendia; Henri, com quem te casaste para desgraçá-lo; Louis de Stainesbourg, o irmão colaço de Henri, que se tornou infame, sendo um caráter generoso, ao se apaixonar por ti e raptar-te. E eu? Eu, Berthe, que também te amo e não tive forças de este insensato coração rasgar para esquecer-te? Sofro também a tua desdita, Henri, porque sou teu amigo, e a ela amo de um amor celeste, desde quando era ainda uma menina e eu lhe ensinava as letras, e quando tu não a amavas ainda. No entanto, Berthe amava-me, eu o sei, com um sentimento puro e santo, como se ama ao ideal; talvez unicamente a mim era que ela amava, porque ela própria confessou-me o seu amor naquela noite amena de outono, quando o crescente lunar enfeitava o céu com sua luz discreta e pura, projetando poesia sobre os jardins do Presbitério, onde as rosas morriam por entre as despedidas dos seus últimos perfumes. Meu Deus! Há três anos que já esse momento passou por minha vida, e eu ainda o sinto vibrar em meu ser como se fora agora, que o relembro. Eu amava Berthe desde a sua infância, quando, sendo eu apenas um noviço, lhe ministrava as letras e a música no castelo do nosso burgo. Cresceu, com o tempo, o amor dentro de minha alma, em vez de se extinguir. Mas eu não a amava com um sentimento humano, próprio do coração do homem para com a mulher. Nela eu consagrava a perfeição do amor em espírito e verdade. Era um amor celeste, de uma alma para outra alma, misto de ânsia e fraternidade, espiritual, cândido e piedoso, indefinível, cujas vibrações sagradas me transportavam para Deus. Eu não a desejava para minha mulher; desejava, sim, a sua presença em minha vida, o seu sorriso e os seus afagos; desejava ser amado por ela à face de Deus, com a pureza com que a amava, vê-la fiel e submissa aos meus conselhos, aos ditames da Lei de Deus. Parecia-me que eu a amava desde os séculos passados, que ela me pertencia, que era eu o seu pai, o seu tutor perante Deus, a minha família, e por ela sentia tais zelos e cuidados como o pai por sua filha única e bem-amada. Piedade infinita marejava de lágrimas os meus olhos, quando a via doidivanas, a enganar um e outro namorado, enquanto compreendia ser-me necessário renunciar ao desejo de adotá-la como irmã para guiá-la, educá-la, encaminhando-a para Deus!

"Berthe sabia que era amada por mim, conquanto jamais eu lho houvesse confessado. Berthe correspondia ao meu amor pura e respeitosamente, como eu a amava. Berthe desfazia-se em pranto aos meus pés, durante a confissão, pedindo-me consolo para o amor infeliz que era o único a minar seu coração, advertindo-me de que a impossibilidade de ser amada como amava a desgraçaria. E eu, que a amava, mas nunca lho confessara, e era amado por ela, apontava-lhe o santo amor de Jesus Cristo como supremo recurso de amparo na desventura de um amor impossível.

"Certo dia, Berthe fora ao Presbitério em visita a padre Romolo, que enfermara. Quando o crescente lunar se desenhou, luminoso, dentro da noite, despediu-se. Acompanhei-a até o jardim. As rosas recendiam aromas penetrantes pelo ar vaporizado de sereno. Em torno, o silêncio era dúlcido como as santas expressões da fé, predispondo nossas almas às suaves emoções dos afetos que alimentam o coração. Berthe entristeceu-se ao se despedir. Confessou-me que consentiria em desposar Henri Numiers, porque o destino não permitia que ela desposasse aquele a quem verdadeiramente amava. Chorou sentida, ocultando o lindo rosto entre as mãos brancas, que tremiam. Tomei essas mãos entre as minhas, comovido, e procurei consolá-la. Mas ela atirou-se em meus braços, procurando refrigério, e eu uni-a fervorosamente de encontro ao coração, como se abraçasse um ser docemente amado e esperado desde séculos, palpitante o meu coração de uma felicidade desconhecida para mim. Meus lábios então beijaram suas faces, beijaram os seus olhos e os seus cabelos tão louros como o Sol, beijaram suas mãos e seus vestidos brancos como aquele luar tão puro, que contemplava nossas doces expressões. Caí a seus pés, disse-lhe que a amava como se ama a um anjo ou a uma santa, e não a uma mulher, que ela era a minha irmã, a minha noiva celeste, que a amaria pelos séculos afora, sempre terna e espiritualmente, que o meu amor por ela não era a atração da carne que conduz ao sexo, mas a expansão divina do Espírito imortal, que vive do amor e para o amor, e deixava livremente correr as lágrimas que ela enxugava com os beijos ternos que ainda impressionam minhas faces. Foi-me necessário, então, chamar em meu socorro todo o heroísmo de que poderia ser capaz para não retê-la para mim e guardá-la como se guardaria a filha ou a irmã adorada, para deixá-la ir-se embora para a conquista da vida, que bem poderia não ser fagueira; ir-se para outro, e para sempre! E ela se foi, meu Deus! Foi para os teus braços, pobre Henri! E eu tudo contemplei em silêncio, sem um coração amigo que me pudesse compreender e confortar na penúria da minha dor.

2

Henri Numiers

Alto, forte, graúdo como um Hércules,[8] valente e destemido como nenhum fidalgo em 20 léguas ao redor, o cavaleiro de Numiers contava 26 anos, quando o trazemos das sombras do passado para a presença do leitor. Não sendo propriamente belo, possuía, no entanto, as linhas perfeitas de uma plástica própria dos homens vigorosos, que, nas lides dos campos e no manejo das armas, conseguiram essa máscula beleza jamais desdenhada pelo bom senso. Era louro e corado, e sua pele, curtida pelos ardores do Sol e a algidez da neve, apresentava certas manchas de pequenas sardas que lhe teriam afeado o rosto se não fora a singular pujança da sua cabeleira encrespada e dos grandes olhos cor de avelã madura, que traduziam facilmente as tumultuosas paixões que se chocavam em seu espírito. Esses olhos estranhos enterneciam-se até a meiguice e a humildade, à simples recordação de duas pessoas que, ainda mais do que aos próprios pais, ele consagrava a melhor ternura do coração: sua esposa Berthe de Sourmeville e o padre Del Ambrozzini.

Henri Numiers era genioso sem ser mau, altivo e nobre como um legítimo fidalgo, valente sem fanfarronada. Honesto e incapaz de uma

---
[8] N.E.: Na Mitologia romana, semideus, filho de Zeus com Alcmena, personificação da força.

vileza, exigia das suas relações sociais qualidades similares. E, graças a tais qualidades, era sempre acatado por quantos o conheciam. Esse caráter trabalhado com desvelo cristão, desde a infância, pelo padre Del Ambrozzini, perdia, no entanto, para o ponto de vista religioso, pois se proclamava ateu. Não obstante, era esmoler e prestativo, e praticava atos de verdadeira filantropia cristã, tendo, porém, o cuidado de repetir que o fazia porque Del Ambrozzini o convencera, com suas virtudes, de que era dever do mais forte proteger o mais fraco.

Henri Numiers era o único filho de um casal de abastados camponeses da aldeia de Stainesbourg. Seu pai, o velho Arnold Numiers, fora grandemente protegido pelos barões de Stainesbourg, senhores da região, dos quais havia sido fiel servidor desde a mocidade, administrador dos campos, pajem de confiança do barão Fredérych, seu senhor. Quando viera ao mundo o primogênito de Stainesbourg, Louis Fredérych, Arnold Numiers vira também nascer em seu lar o primogênito do seu consórcio com a boa e sadia Marie Colbert, agora Numiers, a qual servia igualmente no castelo, como roupeira da jovem baronesa Claire de Sourmeville-Stainesbourg. No entanto, o filho do barão Fredérych herdara de sua mãe uma debilidade profunda, a qual, desde os primeiros dias após o nascimento, ameaçara roubar-lhe a vida. Consultados, os clínicos aconselharam que procurassem, a fim de aleitar o pequenino Louis, uma ama do campo, cuja saúde e robustez estivessem à altura de fortalecê-lo o suficiente para chamá-lo à vida por uma nutrição restauradora. Arnold Numiers estimava o barão e sua esposa. Considerou que sua mulher encontrava-se nas condições exigidas pelos médicos. Consultou-a e, tudo combinado, ofereceu os préstimos a seu antigo senhor. Aceitos com alegria, foi-lhes confiada, imediatamente, a débil criança, e Marie Numiers passara a viver tanto no castelo como em sua casa, mas sempre com a criança, e aleitando-a segundo os métodos do campo, ao mesmo tempo que aleitava o seu pequenino Henri. Claire de Sourmeville possuía peregrinas virtudes. Muito agradecida ao favor que lhe prestavam, fez o marido elevar Arnold à categoria de segundo intendente de suas propriedades, agraciando-o, ainda, com tempo diário para cuidar dos próprios interesses no pequeno trecho de terra que lhe cabia. Henri, portanto, criara-se ao lado de Louis de Stainesbourg, tanto no castelo como em sua casa, alimentados ambos pelo mesmo seio, embalados pelos mesmos carinhosos braços, e as primeiras palavras balbuciadas por um eram logo repetidas pelo outro. Com o tempo, porém, tornou-se desnecessária a permanência da ama junto ao pequeno fidalgo. A saúde confirmara-se, e o desenvolvimento da infância tornara-se seguro. Então, vibraram os sentimentos de gratidão no seio da jovem baronesa. Ela obtivera do marido, como recompensa à dedicação com que Marie criara o seu filho, a doação a Henri de uma herdade do seu patrimônio, com boas terras amanhadas para o plantio, carvalheiros frondosos, pinheiros folhudos, com galhadas soberbas, pomar cuidado, e algum gado com que iniciar o labor para uma vida próspera e isenta de sacrifícios. Fez mais, porém, o doce coração de Claire de Sourmeville-Stainesbourg: isentou os Numiers dos terríveis impostos feudais, deu-lhes carta de alforria, fê-los proprietários independentes, e chamou a si a instrução do pequeno Numiers, fazendo-o frequentar as aulas de padre Romolo ao lado de Louis. Ensinou-lhe boas maneiras, sob as vistas do mestre de cerimônias do castelo, isto é, de padre Antoine Thomas, e proporcionou-lhe instrução militar e os exercícios de esgrima, tão apreciados na época. Com os melhores mestres de esgrima da região continuara Henri a própria instrução, até que, aos 18 anos, era considerado o mais destro espadachim dos arredores, e, aos 21, fora armado cavaleiro pelos novos senhores de Stainesbourg, descendentes do barão Fredérych, e confirmada sua merecida patente pelos governadores de Bruges.

Afastada, no entanto, do castelo pela sua nova condição social, nem por isso a família Numiers abandonara-o. Marie e, principalmente, seu filho frequentavam-no com assiduidade, e Henri fora o companheiro inseparável de Louis durante a infância e a primeira juventude, a seu lado cavalgando alegremente durante inocentes caçadas e torneios.

Entrementes, a herdade prosperava rapidamente sob a vigilância de Arnold e de seu filho, cujo dinamismo construtor e capacidade de trabalho admiravam a quantos o conheciam. E a propriedade passou, então, a chamar-se "Quinta Numiers", formando-se por esta época a aldeia do mesmo nome em seu derredor.

Com o decorrer do tempo, porém, grandes choques verificaram-se entre os de Stainesbourg e os de Numiers, e acontecimentos lamentáveis modificaram a vida rotineira que prometia eternizar-se entre as duas famílias.

Chegaram os ardores da mocidade. Henri Numiers pusera-se a amar uma mulher quando os 20 anos lhe douraram a alma de sonhos, e de ânsias o coração generoso. Todavia, amara-a com a terrível impetuosidade do seu caráter dinâmico. Amara até o fanatismo, até a loucura, até o servilismo a essa mulher encantadora, que o soubera dominar como a menina aos seus bonecos. Já em passadas etapas reencarnatórias dedicara-lhe grande amor, e, um século antes, em França, perdera-se de amor por ela, e por ela fora duramente vencido, morrendo em uma prisão secreta sob a responsabilidade de Catarina de Médici, então Rainha-viúva daquele país. Ele, altivo, quase rude no trato para com os demais, amou a essa mulher com renúncias e desprendimentos, resumindo mesmo a própria vida nesse sentimento que se diria obsessão fadada a um desgraçado destino. Desposando essa mulher que, para ele, estaria acima dos demais bens do mundo viu-se, inesperadamente, tal como na existência anterior, atraiçoado no seu grande sentimento e na sua honra conjugal, humilhado e batido como o mais vil bufão de feira. A vergonha, pois, o desgosto, a raiva, o despeito, a saudade, o desespero eram os sentimentos que se chocavam na alma de Henri Numiers, quando, sacudindo as cinzas que entenebrecem o passado, revivemos sua personalidade de então para o grande desfile à luz da moral espírita.

Tais, na ocasião, as condições morais do ébrio que levara Romolo Del Ambrozzini e o conde provençal Antoine Thomas de Vermont ao albergue de mestre Félix.

3

A BASTARDA DE STAINESBOURG

Mais feliz do que o seu pupilo Antoine Thomas — o padre Thom, como era chamado —, Romolo Del Ambrozzini convencera Henri a retirar-se do antro de vícios que era a taverna de mestre Félix, pondo, assim, termo às libações de vinho e de cidra de que o jovem vinha abusando desde a manhã. Não fora, porém, sem ter chamado a si todo o cabedal de paciência de que era dotado que o piedoso sacerdote conseguira praticar mais aquele ato de beneficência. Amparado pelos dois virtuosos amigos, a dizer banalidades e extravagâncias que causariam riso a quaisquer outros que não fossem aqueles dois corações serviçais, o cavaleiro de Numiers deixou-se guiar para a própria residência, na Quinta de sua propriedade, onde foi recebido por sua mãe, que passara o dia a desfazer-se em lágrimas.

Piedosamente, Romolo, cujos conhecimentos sobre Medicina eram avantajados, despiu-o, banhou-o com água fresca, ministrou-lhe medicamentos reacionários, e fê-lo deitar-se a fim de repousar. Thom auxiliava-o em silêncio. Apenas seus grandes olhos azuis cinzentos rebrilhavam, por vezes com mais vigor, aclarados por gotas de lágrimas que jamais se desprendiam, e eram, então, como se fulgores de uma luz interior os iluminassem. Marie chorava e atendia às ordens do velho servidor do bem, enquanto pai Arnold, inativo e taciturno, resmungando pragas impressionantes, mantinha-se sentado diante da lareira, a tirar baforadas nervosas do cachimbo que nunca se apagava. De vez em quando, reagindo contra os cuidados que lhe dispensavam, o jovem de Numiers punha-se de pé e bradava enraivecido:

— Sabíeis, meu padre, que já não sou um homem, mas um miserável vencido pela desgraça? O que ainda me anima a viver é o desejo de algum dia encontrá-los e embriagar-me no sangue maldito daqueles dois cúmplices. Julgaram que por ser eu um provinciano, um aldeão elevado à honra militar pelo favor dos grandes, não reagiria contra o infame colaço que me desbaratou o lar? Oh! Não possuem também sentimentos de honra os homens do campo? Não possuem coração para também amar suas esposas, e não se devotam, porventura, mais que os fidalgos, às suas famílias, por elas tudo o que têm de melhor sacrificando? Mas assim não pensam os senhores de castelos e palácios. E por isso jurei a mim mesmo lembrar-lhes tudo isso, por meio de uma desforra que ficará memorável nestas boas terras de Flandres. Aliciei, por enquanto, duzentos e cinquenta jovens soldados, como eu. São valentes e destros, mas faltam cavalos... Com um pouco mais de recursos, que arranjarei sozinho, arrasarei castelos e vilarejos, massacrarei fidalgos, incendiarei searas e messes... Enquanto o não fizer não deixarei a cidra nem o vinho, meu padre! Mas só o vinho não me sacia. Preciso do sangue da vingança... É de sangue que eu preciso, ainda que seja o meu próprio sangue, pois, se os não puder matar, matar-me-ei a mim mesmo para fugir à insuportável vergonha desta dor que me despedaça! Oh, dor infame, dor da desonra e do opróbrio, por que te suporto assim?!...

Pouco a pouco, no entanto, serenou e deixou-se cair exausto sobre o leito macio, carinhosamente amparado pelo desvelo de Romolo e de Marie. Sono pesado seguiu-se. A respiração forte e ininterrupta atestava que o espírito atribulado encontrara tréguas para as angústias diárias, durante algumas horas em que o corpo repousasse.

* * *

Vinte anos antes dos acontecimentos que acabamos de narrar, vivia na aldeia de Stainesbourg uma jovem camponesa portadora de grande beleza e graça cativante. Chamava-se Berthe Fouchet, e contava somente 18 primaveras quando se iniciou o drama de sua vida. Loura, risonha e franzina, delicada de maneiras, dir-se-ia antes uma princesa que se ocultasse sob os trajes grosseiros do campo. E, tão boa quanto honesta, vivia para o trabalho, amparando seu velho pai enfermo, e descuidada do futuro, a esperar os esponsais sem, todavia, resolver-se a aceitar as propostas que honrados mancebos da região depunham a seus pés.

O Castelo de Stainesbourg, como sabemos, era habitado pelo barão Frederých, cuja esposa, Claire de Sourmeville, fora cognominada "anjo dos pobres" pelos habitantes da região, graças às boas qualidades que exornavam o seu espírito. Berthe Fouchet era protegida da baronesa Claire, que a empregara como sua roupeira em substituição a Marie Numiers, que se retirara para a sua herdade, ao passo que lhe confiava também misteres finos, tais como confecções de rendas, bordados e tapeçarias, tão apreciados em toda a Flandres. Berthe adaptava-se aos delicados afazeres, educava-se no convívio de tão boa sociedade, e servia a sua senhora com atenções filiais, reconhecida pelos benefícios recebidos.

A vida no Castelo decorria serenamente para a jovem Fouchet, quando, certo dia, mal entrara o verão, chegara a Stainesbourg o jovem conde Renaud de Sourmeville, irmão da baronesa, o qual não atingira ainda os 25 anos, e era impetuoso e displicente como conviria aos de sua classe.

Renaud reparou, sem mais delongas, na suave graça que se irradiava da roupeira de sua irmã. O coração ardoroso pulsava-lhe com violência ao contemplá-la, rosa casta e gentil, baixando os grandes olhos azuis ao fulgor das ardências dos dele. Modesta, Berthe Fouchet evitava-o, medindo a distância que ia da sua condição humilde à nobreza do conde, e não desejando encurtá-la à custa de um erro. Não obstante, Renaud, insípido no campo, deixou-se avassalar de singular paixão e entrou a assediar com insistência a humilde flor campestre, que lutava contra o amor e a sedução com quantas forças lhe permitiam a sua inexperiência de donzela simplória, e as ânsias da mocidade cheia de sonhos e arrebatadores desejos. Todavia, em tão melindrosa e absorvente luta, um dos dois comparsas fatalmente seria vencido. Berthe, polo mais fraco, sucumbiu, então, ao assédio sedutor, e bem cedo percebeu que o fruto dessa união pecaminosa estremecia-lhe no seio. Como sempre, seguiram-se lágrimas em presença do sedutor, rogos, protestos, discussões, que obtiveram como covarde arremate o abandono da parte mais fraca pela mais forte. Renaud de Sourmeville deixou o Castelo subitamente, temendo censuras da irmã e vingança dos camponeses. Berthe Fouchet, envergonhada, despediu-se da castelã pretextando enfermidades na pessoa do pai. A situação, porém, tornando-se insustentável para ela, encheu-se de coragem e confessou ao genitor, humildemente, a falta praticada, esperando o castigo prostrada a seus pés. O velho Fouchet, porém, amava a filha. Preferiu compreender a perfídia do fidalgo, e amparou a pobre abandonada. Alguns meses mais tarde, no entanto, Berthe Fouchet morria ao dar à luz o fruto dos seus amores com o irmão de Claire, não obstante o desvelo com que a cercaram seu pai e o padre Romolo, o qual, posto a par dos acontecimentos, cobrira com a sua proteção moral a infeliz ludibriada. Inteirada dos fatos pelo próprio Romolo, a baronesa não negara auxílio à vítima do irmão, dispondo-se a remediar o mal quanto possível. Mas tudo em vão, porque Berthe morrera minada pelos desgostos do amor infeliz, deixando órfã a filha, cujos primeiros vagidos foram acalentados pela própria tia. Batizada dias depois com o nome de sua mãe, a criança fora imediatamente adotada pela piedade dessa mesma tia, Claire de Sourmeville-Stainesbourg, que a levara para o Castelo radiante pela posse da filha que o Céu lhe concedera.

Entretanto, a pequenina Berthe não possuía senão o nome de sua mãe: Fouchet. Era preciso que a criança fosse legitimada pelo pai. A custo, Claire conseguira que seu irmão concedesse uma carta de permissão à filha para usar o seu nome, sem contudo legitimá-la, o que fez com que passasse a chamar-se Berthe de Sourmeville. No entanto, porque vivesse no Castelo e lá se educasse, fora também chamada de Stainesbourg, e, finalmente, era com esse ilustre título que se assinava. Mas, dando-lhe o seu nome, Renaud não lhe concedera o título de condessa, e a criança, por conseguinte, nada mais era que uma bastarda agraciada com o favor do nome do pai.

Os anos, porém, passaram. Berthe crescia herdando a formosura singular de sua mãe e o gênio irrequieto do pai, o qual não chegou a conhecê-la por não ter jamais voltado a Stainesbourg, uma vez que sucumbira em duelo alguns poucos anos depois do nascimento da filha. O barão Frederých era o seu legítimo tutor, com plenos poderes sobre sua pessoa. A menina, portanto, recebia educação aprimorada, digna dos nomes que trazia, e, ao lado da tia, que a adorava, habituava-se também a uma grande ternura pelo filho desta, seu primo Louis Frederých de Stainesbourg.

— Por minha morte, meu filho — dizia a baronesa Claire a Louis, a fim de habituá-lo à ideia, e chamá-lo à responsabilidade —, por minha morte, serás o único amparo de nossa querida Berthe, visto que teu pai é-lhe hostil pelo seu nascimento irregular e não consente em conceder-lhe um dote para que se case bem. Meu irmão Renaud, seu pai, era pobre e displicente, não consegui dele um patrimônio para a filha. Protege-a pois, e ama-a, que é do nosso sangue, e lhe devemos proteção. Defende-a da má vontade do barão, teu pai, que entende ser ela uma desonra para nossa casa, visto que, sendo sua mãe filha de um moleiro camponês, não houve matrimônio para seu nascimento e, por isso, não podemos apresentá-la na nossa linhagem familiar. E, se perceberes que existe em teu coração uma ternura mais ardente em seu favor, não conserve preconceitos: casa-te com ela na tua maioridade, não a deprimas com a mancebia, pois em suas veias corre o meu sangue. E eu vos abençoarei do Céu, onde confio poder estar depois de minha morte.

Certa noite, porém, quando a menina Berthe contava os 10 anos, e Louis completava os 15, a baronesa Claire recolheu-se ao leito para o repouso da noite e despertou moribunda na manhã seguinte. Um mal agudo, que não dera tempo de ser combatido pelo médico do Castelo e a experiência de padre Romolo, afligiu-a durante dois longos dias, para arrebatá-la ao mundo no terceiro, desolando o coração dos filhos, e enlutando toda a região de Stainesbourg. Porém, antes de expirar, ainda teve tempo de dizer a Louis:

— Ama tua prima, meu filho, e protege-a com dedicação, porque somente a ti ela terá por verdadeiro defensor depois de minha morte...

E, externando a mesma súplica ao marido inconsolável, rogando a padre Romolo velar pela educação da menina, expirou suavemente, sob a bênção de agonia tranquila, própria dos justos.

4

E UM DESTINO É TRAÇADO

Os dias que se seguiram foram profundamente desoladores para a família de Stainesbourg. Inconsolável, o barão Fredérych não se animava ao trabalho nem procurava distrair-se, a fim de suavizar a grande mágoa da viuvez que lhe oprimia o coração. Isolava-se em seus aposentos, não consentindo em receber nem mesmo o seu intendente, para os entendimentos de praxe. E, assim, permitia livre curso ao desespero que ameaçava roubar-lhe até mesmo a razão, minando-lhe as boas funções do coração. O pequeno Louis e padre Romolo eram os únicos que tinham entrada em seus aposentos, os quais, em vão, procuravam consolá-lo. Por sua vez, Louis Fredérych, igualmente inconsolável pela ausência materna, já se ressentia de forte alteração na saúde, que nunca fora tranquilizadora, o que mais ainda torturava o coração do inconsolável pai. Três meses depois, permanecendo inalterável a situação, fora aconselhado pelos facultativos de Bruges a procurar viajar, a fim de se distrair, deixando o Castelo onde recordações queridas, mas também dolorosas, aglomeravam-se para agravar-lhe a saudade da morta querida. Fredérych aquiesceu, compreendendo que urgia proteger a saúde do filho e a si mesmo beneficiando, porque, com efeito, se sentia exausto sob o choque emocional.

Consultado pelo pai, que não desejava violentar a sua vontade, Louis aquiesceu também, certo de retornar, dentro em pouco, a Stainesbourg, a fim de prosseguir na rotina que tão grata era ao seu coração. Mas ficara estabelecido pelo castelão que a pequena Berthe não os acompanharia. Louis protestou, declarando que sua mãe rogara, à hora extrema, proteção para a pobre órfã, acrescentando que, se a prima não os acompanhasse, ele preferiria ficar para fazer-lhe companhia, velando por ela. Fredérych, porém, apresentara razões tão justas, impedindo a partida da menina com eles, que Louis acabara compreendendo que, com efeito, o pai estava com a razão.

— Berthe é uma menina, uma criança, caro Louis, e não convirá que se fatigue em viagens constantes, como faremos de agora em diante, sobre o dorso de cavalos ou por estradas agrestes, presa dentro de uma carruagem. Terminaria por adoecer e, quem sabe?... talvez morrer, sem o trato conveniente a uma menina. Ademais, necessita instruir-se, e, em viagens, como se aplicaria aos estudos? Não, uma menina não poderá viajar em companhia de homens, e nós precisamos dessas viagens para a recuperação de nossa tão abalada saúde.

Louis deu-se por vencido, embora não se considerasse definitivamente convencido. Pai e filho conversaram ainda longamente e, ao se separarem, toda a viagem encontrava-se programada. O que, porém, Louis ignorava era que o pai já se entendera com os seus primos de Sourmeville, que haviam acorrido ao Castelo para os funerais da baronesa, sobre o arrendamento de Stainesbourg, pois, encontrando-se enfermo, não desejava prolongar as lides do campo, e pensava em retirar-se definitivamente daquela solidão, na qual tudo lhe faltava ao faltar a esposa querida. Dentro, pois, de alguns dias mais era passada a escritura de arrendamento das propriedades de Stainesbourg pelos condes de Sourmeville, os quais passaram a ser os novos donos de Stainesbourg, sem que Louis e sua prima o suspeitassem.

À véspera, porém, de tal acontecimento, padre Romolo e Arnold Numiers receberam mensagens cerimoniosas de parte do barão Fredérych, escritas em pergaminho timbrado, convidando-os a uma visita urgente ao Castelo para entendimentos importantes, acrescentadas da solicitação da presença de Marie Numiers, antiga governanta da baronesa Claire e ama de Louis, pessoa benquista pela nobre família.

Reunidos todos em certa sala íntima, o barão iniciou pequeno discurso sob a surpresa dos circunstantes, e, a certa altura, esclareceu:

— E tenho a honra de participar-vos que me retirarei dentro de alguns dias para a Alemanha, onde tenciono entregar-me a rigoroso tratamento médico, assim como meu pobre filho, com o qual residirei em um convento, onde meu irmão mais velho é o prior...

Romolo espantou-se, e foi sinceramente admirado que exclamou:

— Que dizeis, senhor barão? Por que levar tão longe os vossos desgostos pela perda da senhora baronesa? E estas propriedades tão prósperas, vossos tributários, habituados a verem em vossa pessoa mais que um senhor, por que meu amigo?

— Acabo de resolver arrendar estas propriedades aos nossos primos de Sourmeville, os quais, como sabeis, são amigos dos seus feudatários, como o foi minha pobre Claire. Já não disponho de ânimo para as preocupações do campo... e a dor pela morte de minha mulher fustiga-me o coração com uma saudade deprimente. Sinto que enlouquecerei, se não procurar reagir de algum modo. Necessito da paz dos claustros, quero meditar sobre Deus, preparar-me para a morte...

Seguiu-se pequeno interregno, durante o qual os visitantes quedaram-se pensativos, após o que prosseguiu Fredérych:

— De outro modo, venerável padre, sei que sois um santo servo do Senhor e, por isso...

— Pois não sabeis então da verdade, senhor barão. Sou apenas um homem, cujos ombros vergam ao peso de terríveis responsabilidades...

— ...E por isso atrevo-me a solicitar vosso concurso para a solução de melindroso problema que me atribula soberanamente...

— Mandai, senhor, e vosso servo obedecerá, se o pedido que vos dignardes fazer-lhe não for de encontro à voz da sua consciência.

— Como sabeis, venerável padre, existe em nosso solar uma criança, filha de certa aldeã que foi nossa serva, e a quem a baronesa muito se afeiçoara...

— Recordo, meu senhor. A menina chama-se Berthe, como sua mãe. Fui eu que a batizei. É aluna de meu pupilo, o conde de Vermont, isto é, o padre Antoine Thomas, assim como vosso filho, Louis Fredérych. E seu pai foi o conde Renaud de Sourmeville, irmão da falecida senhora baronesa...

O fidalgo deixou passar a impertinência da última frase e prosseguiu:

— Ao morrer, a baronesa pediu-me que protegesse essa criança, e os pedidos dos moribundos são sagrados, e devem ser religiosamente atendidos...

— Quando são justos e razoáveis, como esse, e não prejudicam o próximo, sim, meu senhor, devem ser cumpridos. Se me não engano, a criança em questão foi reconhecida por seu pai e tem direitos ao nome, não é verdade?

— Não é bem verdade, meu venerável padre. Um reconhecimento oficial arrastaria muitas complicações para o conde, se acaso ele viesse a casar-se. Há, porém, um documento que autoriza a menina a usar o nome do pai, uma licença, e é só. Ela não foi herdeira do pai, visto que não era legitimada. Entretanto, pesa-me declarar que o pedido de minha pobre Claire não poderá ser obedecido integralmente, por enquanto... e foi por essa razão que resolvi solicitar vossa presença aqui, acompanhado dos bons servos Numiers, a fim de entrarmos em entendimentos.

Os três visitantes fitaram curiosamente o fidalgo, que pareceu não compreender a emoção que provocava, e prosseguiu, depois de sacudir o suposto pó da gravata de rendas de Flandres, que trazia, e de agitar o lenço, igualmente rendado, a fim de se assoar, enquanto, nervosamente, balançava a perna posta sobre o joelho da outra:

— Em razão do meu estado de saúde, que é precário, e dado que decidi residir em um convento de religiosos, não poderei levar nossa querida pupila que, além de ser uma menina, se encontra em época de educação, não podendo, portanto, seguir dois homens, que não saberão tratá-la devidamente...

— Assim é, senhor barão. Uma preceptora poderá acompanhar-vos, zelando pela menina... Um convento de freiras educadoras conviria muito à educação da pequena Berthe... — adveio Romolo, com sua franqueza. Mas Fredérych pareceu não ouvi-lo, e continuou:

— Lembrei-me, então, de confiá-la, temporariamente, à vossa guarda e sob cuidados paternais dos nossos estimados servos Numiers, em quem inteiramente confio, os quais saberão conduzi-la com afetos em sua mansão, até o nosso possível retorno para fixarmos residência em nosso velho palácio de Bruges. Não pretendo mais residir nesta aldeia...

Solicitado a opinar por um olhar e um sorriso de Fredérych, Arnold Numiers respondeu com acento comovido, confuso ante a consideração de que se sentia alvo:

— Ó, meu senhor! Estamos às vossas ordens! E a menina de Sourmeville será depósito sagrado em nossa casa — enquanto sua mulher se rejubilava, vendo-se solicitada para a tutela da linda criança, a quem já se habituara a estimar desde muito antes.

Fredérych de Stainesbourg continuou:

— Depositarei em vossas mãos quantia suficiente para o trato e a educação da menina... e daqui a um ano, se não me for possível reavê-la, a quantia será renovada...

Romolo aprovou com um sinal de cabeça, pensativo, mas protestou:

— Não há necessidade de mesadas, senhor barão, os Numiers possuem o suficiente para atender à menina e a mim...

— É meu dever manter a criança, e o farei, venerável padre. Claire censurar-me-ia se o não fizesse, pois seria injusto. Desejo que lhe sejam ministradas boa educação e maneiras sociais polidas, tais como minha pobre Claire sonhava dar-lhe. Padre Antoine saberá instruí-la sob vossas vistas, pois também vós sois aristocratas. Confio-a, portanto, ao vosso paternal cuidado, e se aceitardes o que solicito partirei descuidado.

Seguiram-se, então, os entendimentos finais, com júbilo do casal Numiers, que se sentia honrado pela confiança de que se via alvo, e o compromisso assumido por padre Romolo, que, de imediato, aquilatou da responsabilidade que lhe pesaria nos ombros daquele momento em diante. Razoável quantia foi-lhe entregue em moedas de ouro para o trato e a educação da pequena Berthe, no período de um ano, e solenes promessas foram trocadas entre as quatro personagens. Romolo, porém, exigiu do barão uma declaração de entrega da criança, assinada e timbrada com o seu sinete, sendo prontamente atendido por este, que rematou a audiência com a seguinte solicitação:

— À véspera de nossa partida vinde todos vós, a fim de levardes nossa pupila. Certamente que, assim sendo, ela sentir-se-á protegida para se acomodar à ideia da separação que deverá enfrentar...

Despediram-se com amabilidades. Fredérych insistiu para que Romolo pernoitasse no Castelo. Mas o digno sacerdote esquivou-se, alegando que não poderia faltar às aulas que ministrava aos jovens da região ao lado de seu pupilo, o padre Thom.

5

BERTHE DE SOURMEVILLE

Alguns dias se passaram após as cenas que acabamos de narrar. O barão de Stainesbourg despedira-se de seus antigos servos e amigos, e havia três dias que partira com o filho demandando terras da Alemanha. A menina de Sourmeville viera para a aldeia na véspera da sua partida, tal como fora deliberado, e não mais se avistara com seu muito querido primo Louis Fredérych, do qual, de forma alguma, desejava separar-se.

Ambos abraçados à hora da partida, desfaziam-se em lágrimas, beijando-se ternamente, como irmãos que se adorassem, sendo necessário apartá-los para que a patética cena não se prolongasse afligindo a todos. Uma vez na Quinta Numiers não cessara ainda de chorar, e, apesar do muito que queria à boa ama de seu primo, a Henri, com quem frequentemente folgava nos jogos do parque ou nos passatempos de salão; apesar do muito que estimava aqueles bons Numiers e apesar do muito que era por eles estimada, a mudança fora demasiadamente brusca para que pudesse permanecer indiferente ao sofrimento.

Padre Romolo levara-a nessa tarde do terceiro dia ao Presbitério, a fim de iniciar as aulas confiadas ao seu cuidado, esforçando-se por aconselhá-la e contribuir para que se acomodasse à nova situação, que seria, certamente, temporária.

Caía docemente o crepúsculo, envolto em tons róseos que se convertiam, pouco a pouco, na cor nostálgica do lilás. Em algazarra amistosa, a passarada despedia-se do Sol, já na beira dos ninhos, onde os filhotes ainda implumes esperavam o aconchego materno para as doçuras da noite sob suas asas protetoras. Na torre do singelo templo, as andorinhas esvoaçavam irrequietas, enchendo os ares de trinados álacres, quais meninos travessos questionando sem cessar. E dos jardins do Presbitério, o perfume adocicado das rosas trepadeiras, que engrinaldavam os varandins, subia para balsamizar o ar e encantar o olfato de padre Romolo, enquanto, a seu lado, apoiada ao balcão que deitava para os canteiros floridos, linda criança de 10 anos chorava inconsolável, o rosto oculto entre as mãos. Era Berthe de Sourmeville, a filha bastarda de um conde, mas também a neta de um moleiro, pobre criatura colocada numa encruzilhada da vida para se reconhecer desarticulada quer numa quer noutra camada social, sem mesmo poder compreender por que se via hostilizada pela camada a que melhor se adaptava, e por que não se adaptava à que melhor a requestava e estimava.

Não se poderia, em verdade, imaginar formosura idêntica à dessa criança. Tudo nela era gracioso, mimoso, agradável, extraordinariamente belo. Dir-se-ia desses anjos que os poetas e os pintores sonham para imortalizar em obras-primas que vencem os séculos. E Romolo, que, sendo crente fervoroso em Deus, seria também artista, admirava aquela harmonia de conjunto ao tempo em que, mentalmente, conversava consigo próprio:

— Será a sua alma tão formosa quanto o corpo? Oxalá seja ela obediente aos princípios que lhe desejo ministrar...

Com efeito, com sua tez límpida e alva como as pétalas de um lírio, com seus olhos azuis grandes e rasgados num oval perfeito, os cabelos louros brilhantes, caídos em cachos caprichosos sobre os ombros, Berthe dir-se-ia visão celeste que a todos encantasse. O conde de Vermont não cessava de fitá-la. Tinha a vaga impressão de que amava aquela criança desde muitos séculos antes; quisera que ela fosse sua irmã, sua filha, qualquer coisa que a ligasse a ele para que pudesse por ela velar e dirigi-la, pois receava por ela; e, acima de tudo, piedade infinita por ela sentia em seu coração. A verdade era que, um século antes, Antoine Thomas chamara-se Carlos Filipe II de La-Chapelle e fora o irmão mais velho dessa menina, a qual educara como se fora seu próprio pai. Ela chamara-se, então, Ruth Carolina, e um grande amor espiritual vinha unindo-os desde séculos anteriores. Mas essa mesma menina, esse Espírito, perdera-se em face do Evangelho no século XVI, por amor a ele próprio, torpemente vingando ofensas a ele e à família toda praticadas pelos promotores da célebre matança de São Bartolomeu, na França de 1572.[9] Agora, porém, ali estavam, novamente, à face um do outro, ele redimido, ela delinquente, separados pelas circunstâncias expiatórias, ligados, porém, espiritualmente, por um amor inesquecível, que os acompanharia para sempre, por se tratar de patrimônio do Espírito de ambos.

Vinha ele, tal como na anterior existência, sendo o seu professor de letras e de música, desde três anos antes. Ia diariamente ao Castelo, acompanhando Romolo, e, pacientemente, ensinara-a a ler e a escrever e contar com tal habilidade que, aos 10 anos, a menina já se adiantara à infância da sua época. O cravo e a harpa não a intimidavam, e o jovem religioso orgulhava-se de ser ele próprio o cultivador dos dotes daquela inteligência e daquele talento que despontavam cheios de ardor para a conquista da vida. O padre Thom contava, então, 25 anos, e há cinco se ordenara sacerdote. Em sua anterior existência terrena, havia sido pastor da Igreja Reformista Luterana. Os Espíritos prudentes, porém, ao reencarnarem, costumam mudar de ambiente religioso, a fim de que a constante permanência num mesmo setor não os torne fanáticos, intransigentes e preconceituosos. Mas Antoine Thomas era, acima de

---

[9] N.E.: Ver o romance *Nas voragens do pecado*, do mesmo autor espiritual.

tudo, cristão, e, como discípulo do Cristo, pautar-se-ia dignamente em qualquer que fosse a circunstância religiosa a que se ativesse.

Entrementes, Romolo oferecia à aluna um leve repasto, enquanto esperavam a ceia, que se realizaria na Quinta Numiers, a convite de seus proprietários, e, ao se levantarem da mesa, disse-lhe paternalmente:

— Coragem, *mademoiselle* de Sourmeville. Sede forte, porque o heroísmo no infortúnio assenta bem nas almas nobres. E nossos desgostos tendem mesmo a agravar-se, se os não contornamos com a boa vontade da resignação. Tendes nova família que vos ama com desvelo insofismável. Concito-vos a que correspondais a esse afeto, visto que devemos confiar naqueles que nos demonstram dedicação nos dias de maiores apreensões.

Subiram para a carruagem e demandaram a Quinta, tendo o padre Thom a gentileza de guiar os cavalos.

Entretanto, a maior satisfação acolhera Berthe no seio da família Numiers. Marie exultava de contentamento, se vendo como mãe adotiva da formosa filha da infeliz Berthe Fouchet. E, sentando-a nos joelhos a cada instante, no intuito de mimá-la, desviando-a das recordações que a pungiam, tomava-lhe os cabelos e admirava-os, examinava-lhe as vestes, as mãos, os pés, como se a menina fosse mais do que uma filha adotiva, um anjo idolatrado, de quem estivera separada por longo tempo, e a qual acabava de reencontrar cheia de saudades.

— Arnold! Henri! Vinde, reparai! — dizia sorridente — como são lindas as suas mãozinhas, parecem-se com as mãos da Virgem do altar, se não há mal em compará-las. E que cabelos! São de pura seda, e tão perfumados! Ó, querida menina, estais satisfeita conosco? Sereis muito nossa amiga também, não é verdade?

— É verdade, senhora, serei muito vossa amiga, visto que sois a minha boa ama, e que criastes o meu caro primo Louis...

Henri aproximou-se curioso, as mãos cruzadas para trás das costas, a cabeleira loura emoldurando a fronte branca, os lábios apertados num ar despeitado. Contava, então, 15 anos, tal como Louis Fredérych. Parou diante da menina e, como enciumado, aparteou, olhando-a com severidade:

— Ainda não perdeste o hábito de trazer Louis nos lábios para intrometê-lo em toda conversa? Não te cansas de lembrá-lo, quando se foi e abandonou-te aqui?

— Ele se foi, mas voltará para levar-me junto, assim mo prometeu à despedida. É meu primo, e casar-se-á comigo quando for um homem e eu uma moça...

— Não sei se se casará contigo... Não creio nisso... O que sei é que eu também sou teu amigo e, se fosse um cavaleiro, por exemplo, casar-me-ia contigo... Mas trouxe-te aqui uns pombos, de que tanto gostas...

Retirou da sacola que trazia a tiracolo duas lindas aves e passou-as às mãos de Berthe:

— Toma-os, pois; fica com eles. São mansinhos. Seguir-te-ão para onde fores, pousarão em teus ombros e em tuas mãos.

— Tu foste sempre gentil, Henri. Trazias-me ao Castelo sempre lebres vivas, galinholas, frutos, flores. E, agora, pombos. Sim, és um gentil--homem, apesar de ainda não seres um cavaleiro. Se servires ao batalhão do novo senhor de Stainesbourg, ele te armará cavaleiro na maioridade. Louis também era bom como tu... ai! sinto tantas saudades dele!

— Ah! Prometo que serei sempre melhor do que ele o foi... e far-te--ei esquecê-lo, tu o verás, tu o verás...

Eles eram Ruth Carolina e Luís de Narbonne novamente frente a frente, reencarnados.

Seguiram-se, entretanto, os dias e os meses. Ao findar do primeiro ano, um correio especial trouxera a padre Romolo uma carta do barão Frédérych, recomendando a menina de Sourmeville por mais um ano, acompanhada da respectiva mesada. Desculpava-se o fidalgo por não poder ainda reavê-la. As notícias não eram boas. A permanência no convento agravara-lhe a saúde, e a neurastenia adviera. Por isso, continuara a vida incerta de viagens. Louis estudava pintura com eméritos mestres de Nuremberg, e pensava transportar-se, mais tarde, para a Holanda, a fim de aprimorar o talento sob direção da escola flamenga de pintura, e nenhuma esperança havia de regressarem tão cedo a Flandres.

Nesse período, haviam se confirmado as primeiras impressões de Henri pela filha adotiva de seus pais. Sua alma, desde aquele primeiro entardecer, desabrochara em afetos vivos, sem que ele próprio o compreendesse, pela filha de Renaud de Sourmeville. Era o seu companheiro de folguedos, o seu amigo obediente, o escravo atento a todos os caprichos, o cão fiel pronto a segui-la onde desejasse ir, o defensor apaixonado, o irmão zeloso adivinhando-lhe os pensamentos mais insignificantes. Nos primeiros meses de convivência entre os aldeões, a gentil menina, inconsolável pela separação dos seus, mostrava-se esquiva e orgulhosa, não se adaptando senão à afeição dos Numiers, de padre Romolo e, acima de tudo, à afeição de Antoine Thomas. Viam-na, então, reviver e alegrar-se às horas de aula e durante os ensaios de canto com o jovem religioso; e também era com visível prazer que, por sua mão, ela caminhava pelos prados marchetados de florezinhas silvestres, ou lhe ouvia as estórias, à beira da lareira, pelas noites frias, na habitação dos Numiers. Mas Henri, com suas atenções insistentes, parecia aborrecê-la e, muitas vezes, dispensava-o da sua companhia, rogando-lhe que não a importunasse com tantos desvelos. O jovem, no entanto, era paciente, ria-se das zangas da sua amiga e deixava crescerem no coração os afetos que ameaçavam solidificar-se para o futuro.

Com o tempo, no entanto, Berthe tornara-se menos ríspida para seu companheiro de infância, falava-lhe com mais brandura, reconhecendo-lhe a inexcedível bondade do coração, e passara mesmo a dedicar-lhe uma terna e agradecida afeição. Ademais, Henri fizera-se homem, era, certamente, o mais belo e valente jovem da região. Seu porte altaneiro de homem de armas, sua perícia na esgrima, sua destreza no jogo das facas, no qual jamais se deixava ferir, sua galhardia de cavaleiro, e sua temeridade dando, sozinho, caça aos lobos, apenas se acompanhando do seu bordão de ponta de aço e da faca de mato, ao passo que para ele granjeara a admiração dos habitantes do burgo, despertara também, no coração da jovem, o respeito e a afetiva simpatia, que ela não procurava ocultar. Se, entretanto, fosse possível a alguém sondar o íntimo dessa menina que despontava para a vida já entre os enredos de um drama que se delineava imprevisível nas linhas do futuro lá encontraria, gravada em seus refolhos espirituais, uma imagem que não seria a de Henri nem a do próprio Louis, a quem ela tanto parecia amar. Essa imagem seria, certamente, a do seu mestre de letras e de artes, aquele doce Antoine Thomas, seu bem-amado irmão de uma existência passada, do qual se perdera ante a grande Lei divina de *amor a Deus e ao próximo*, na ânsia de vingar-lhe a morte trágica.

6

O FUTURO OBSESSOR

Durante quatro anos consecutivos viera o mensageiro do barão Fredérych, pelas proximidades do Natal, trazendo notícias, entregando cartas e presentes de Louis à sua prima, ao antigo colaço e à ama, e solicitando, igualmente, notícias da mesma e dos amigos a quem fora ela confiada. A mesada era entregue a Romolo pontualmente, o qual a entregava ao casal Numiers. E este, sem jamais tocá-la, destinava-a à própria Berthe, empregando-a em negociações sob seu nome, e, assim, fazendo crescer o total para as surpresas do futuro. Pai e filho haviam se fixado em Nuremberg, e o barão Fredérych demorava a restabelecer-se dos próprios achaques. No quinto ano, porém, quando, justamente, a jovem completava os 15 anos, o Natal chegara e se fora, o Ano-Bom viera com suas pitorescas tradições, e também se fora, mas o mensageiro do barão não aparecera na Quinta Numiers. Ansiosa, Berthe esperara-o durante todo o mês de janeiro, meditando em que as estradas estariam obstruídas pela neve, e que, certamente, seria essa a razão do retardamento do mesmo. Mas chegara também fevereiro, e março findara, após, com as comemorações da Semana Santa; abril voltara com as suntuosas promessas da primavera, e o correio dos ausentes não aparecera. Afligia-se e chorava a pobre menina, considerando-se abandonada, e, a fim de tranquilizá-la, padre Romolo apresentara-se ao Castelo solicitando notícias. Os Sourmeville na ocasião nada informaram, senão que o barão, depois de arrendar as propriedades de Stainesbourg, hipotecara-as a eles próprios, e não dera mais sinais de vida. Falou-lhes Romolo, então, da situação, embaraçosa para todos, da jovem Berthe, deixada na Quinta Numiers sob sua vigilância, para ser procurada mais tarde. Os senhores de Sourmeville lamentaram, mas não reconheciam a menina como descendente da família, em vista de Renaud haver morrido solteiro. E negaram-se a interferir a favor da mesma. Pelo Natal do sexto ano, não aparecendo o mensageiro com qualquer notícia, Berthe considerou-se abandonada propositadamente pelo barão, e procurou esquecer os antigos parentes para melhor dedicar-se à nova família que a idolatrava, enquanto esta rendia graças ao Céu por vê-la definitivamente sob sua tutela. As esperanças de retornar ao seio dos Stainesbourg, pois, esbateram-se das cogitações de Berthe, e ela procurou, finalmente, adaptar-se à vida da aldeia. Conservava, não obstante, aquela atitude altiva e graciosa das pessoas bem-educadas, enquanto, continuando a educar-se sob cuidados de Antoine Thomas e Romolo, dir-se-ia a dama de estirpe exilada entre aldeões por incompreensível capricho do destino, como realmente era.

Vamos encontrá-la, agora, já contando os 18 anos. Sua formosura não sofrera alterações, senão para aperfeiçoar-se, e sua graça tornara-se tão cativante que se via requestada por quantos pequenos fidalgos e cavaleiros da região que entendiam nela a esposa ideal para torná-los felizes. Mas Berthe portava-se com volubilidade, sem a nenhum preferir, embora a todos permitindo cortejá-la, para desespero dos mesmos senhores; e, paralelamente, compreendendo no íntimo que, amando santamente ao conde de Vermont, o padre Thom, e sabendo-se santamente amada por ele, uma única aliança impunha-se ao seu coração por reconhecimento devido à família que a adotara, visto que seu amor era impossível à aliança com o próprio cavaleiro de Numiers, já que Louis Frédérych esquecera-a para sempre no fundo da solitária aldeia. Henri, porém, amava-a e sofria, desencorajado de solicitar-lhe a palavra para o matrimônio. Por sua vez, Berthe compreendia ser amada por ele, mas, reconhecendo a profundidade do sentimento que ela própria dedicava a Antoine Thomas, confundia mentalmente esse espiritual amor com o amor humano, e dizia a si mesma, em horas de reflexão:

— Este infeliz amor far-me-á desgraçada. Jamais me conformarei em viver separada de Thom, alheia à sua vida, fora da sua direção. Que será de mim no dia em que ele deixar Stainesbourg para voltar à sua terra ou ao seu convento? Eu quisera segui-lo, ao menos como uma irmã, uma filha, uma escrava. Será preciso que, a seus pés, eu lhe confesse o meu amor e narre o meu sofrimento, para que ao menos se compadeça de mim...

E, com efeito, naquela noite pura, de luar crescente, entenderam-se, trocaram as próprias almas nos ósculos que se permitiram, e prometeram-se, para sempre, o eterno amor das almas, amor que se eterniza através dos milênios para se deter somente aos pés do Todo-Poderoso.

Seria, entretanto, necessário arrefecer no coração esse amor, intenso como todo sentimento do espírito, para que o sofrimento daí ocasionado não alquebrasse a vontade de ambos para as realizações da vida. Thom impôs paciência ao coração, voltou-se para Deus, rogou forças e arquivou o seu afeto por Berthe nos refolhos da alma, conseguindo, assim, serenidade para o espírito. Berthe de Sourmeville, porém, que fora sua irmã em passada etapa reencarnatória, e que nunca se conformara, como Espírito, com a separação que lhe fora imposta pelo massacre de São Bartolomeu,[10] percebeu que, sim, precisava esquecer para sempre aquele Thom que a educava desde a infância, mas não teve forças para a renúncia e desgraçou-se, desgraçando também outros corações generosos que a souberam querer com devotamento, comprometendo a própria alma ainda uma vez, por períodos seculares.

Certo dia, Henri saíra a passeio, percorrendo as ruas da aldeia em sua esplêndida montaria branca. Era domingo, e, após os ofícios

---

[10] N.E.: Referência a episódios narrados no romance *Nas voragens do pecado*, do mesmo autor espiritual.

religiosos da manhã, a rapaziada entretinha-se em conversações amistosas à frente de suas casas ou no adro da Igreja. Alguns se divertiam permitindo-se exercícios de corridas a pé ou lutas simbólicas de esgrima; outros experimentavam os famosos duelos a faca, para assinalar o rosto do vencido, tendo o cuidado, porém, de protegerem a ponta das facas com uma pequena bainha de couro, enquanto outros, sentados à sombra dos arvoredos, em torno de mesas toscas, serviam-se canjirões de cerveja ou de refrescos.

Ora... precisamente um daqueles jovens que esgrimiam no adestramento do florete, alunos todos eles do mestre de armas em que se ia tornando Henri, vendo-o passar, chamou-o à parte e falou-lhe zeloso e grave:

— Previno-te, cavaleiro de Numiers: acolá está Franz Schmidt, difamando a menina de Sourmeville. Veja-o, à sombra do carvalheiro, pavoneando-se de ser o seu preferido; e o pior é que os demais dão-lhe crédito.

Henri agradeceu ao companheiro, batendo-lhe no ombro, sem nada dizer, pois seria homem de poucas falas. Montou novamente a cavalo e fez que saiu da aldeia, por um atalho que conduzia ao campo. A certa altura, porém, desmontou-se, amarrou o animal a um arvoredo, voltou sorrateiramente por outro lado e, aproximando-se do grupo onde se encontrava Franz Schmidt, ouviu-o dizer:

— Sim, é como vo-lo digo: pedirei a mão de Berthe de Sourmeville assim entre o outono, para nos casarmos na primavera. Hoje, à missa, ela olhou-me ternamente duas vezes, e sorriu-me à saída. Estou certo de que pensa em mim e me quer muito bem...

— Mas não vês, amigo Franz, que Berthe de Sourmeville não é para casar-se contigo? — contrariou um companheiro. — É menina de educação fina, filha de um conde, e usa nome ilustre, pois dizem que o pai a reconheceu. E tu, quem és? Um pobre homem do campo, como nós outros, que apenas sabe esgrimir de brincadeira, um moleiro, dono de dois moinhos... Porventura darás uma enxada de presente a ela, no dia das bodas?

— Mas porventura também ela não é a neta de um moleiro, como eu? E sua mãe não era do campo? — voltou Franz a explicar. — Afianço-vos, ademais, que sou amado por ela. Hoje, após a missa, mandei-lhe uma carta confessando meu amor, e, até agora, a carta não foi devolvida...

Todos riram da ingenuidade do pretendente, mas, subitamente, atrás do grupo uma gargalhada de escárnio respondeu a essas displicentes frases. Cheio de despeito e ciúmes, Henri aproximou-se do grupo, levantou Franz pela gola do casaco de veludo, ministrou-lhe valente sova com seus punhos de ferro, esbofeteou-o quanto quis, fazendo correr o sangue da boca e das narinas do infeliz apaixonado, e, sem ser molestado na luta, atirou-o violentamente no chão empoeirado, exclamando enraivecido:

— Espero que te tenhas curado agora da paixão, maldito gabola! De outra vez será bom que olhes em derredor de ti, a ver se serás ouvido por alguém capaz de provar-te que és mentiroso e difamador, e que nada do que dizes terá valor para as pessoas de bem.

Nenhum dos homens presentes interveio para defender o pobre Franz Schmidt. Todos assistiram à luta impassíveis, e Franz, levantando-se sozinho e envergonhado, a boca empapada de terra e de sangue, retirou-se humilhado para casa, e, durante toda a semana seguinte, ninguém tornou a vê-lo. Alguns dias depois, no entanto, acontecimento sensacional sacudiu de horror a pacata aldeia de Stainesbourg. O jovem Franz Schmidt envenenara-se no seu próprio quarto de dormir, deixando a Henri Numiers a maldição do seu ódio numa carta, e acrescentando, na mesma, que amava sinceramente a menina de Sourmeville, e por ela morria de boa vontade, já que não a poderia possuir por esposa. E como, por essa época, as leis religiosas, que governavam populações inteiras, não permitiam que o cadáver dos suicidas fosse sepultado em terra consagrada, ou seja, em cemitérios zelados pela Igreja, o pobre Franz apenas recebeu por túmulo uma porção de terra em pleno campo, que sua infeliz mãe cercou de pedras e regou com as próprias lágrimas, na modesta quadra plantando roseiras como símbolos de suas saudades.

Entretanto, na tarde daquele domingo, terminado o castigo infligido ao rival, Henri tratara de regressar à sua herdade. A notícia do escândalo correra como o fogo no rastilho de pólvora e chegara à Quinta, onde Marie, a boa mãe, afligia-se pelo filho, temerosa das consequências do seu ato violento. Berthe, porém, ouvindo a narrativa do noticiador que fora à Quinta levar a novidade, tornou-se presa de hilaridade tão contagiosa que depressa Marie Numiers preferiu rir-se com ela. E, insofrida e lisonjeada, reconhecendo-se causa do acontecimento, dirigiu-se ao jardim e postou-se ao portão de entrada, aguardando a chegada do valente defensor do seu nome.

Dentro em pouco, aponta o cavaleiro na curva da estrada. Berthe lança-se ao seu encontro, simulando inquietação e nervosismo. Desmonta-se o cavaleiro, emocionado ante a surpresa de se ver assim alvo de tão significativa atenção, ao passo que a jovem de Sourmeville atira-se em seus braços, como que' excitada por insopitável temor:

— Henri, querido Henri! — choramingou, abraçando-o. — Que grande susto nos causaste! Não estás ferido, meu pobre amigo? Oh, como te agradeço o me teres defendido da maledicência!

Ele abraçava-a sofregamente, impaciente, ao mesmo tempo que perguntava, a voz rouca pela emoção:

— Dize, então, Berthe, de uma vez para sempre, porque já não possuo mais forças para continuar esperando. Dize: a quem amas, afinal? Dize, querida, mil vezes querida Berthe, que posso esperar de ti?

— Pois não compreendeste ainda? Será necessário que eu o confesse?

O jovem cavaleiro tomou-a nos braços, arquejante e pálido. Seus lábios se uniram ali, à luz do sol, sob o perfume das cerejeiras. Henri ofertava a própria alma nesse primeiro beijo de amor; dava sua própria vida, julgando sonhar atordoado, não compreendendo bem por que o Céu lhe era tão propício. Mas a linda Berthe concedera-lhe apenas os lábios, nada mais.

Da janela do seu aposento preferido, Marie Numiers, que assistia discretamente à cena, sorrira com bondade e satisfação, e, retirando-se do posto de observação, a fim de não levar o pânico ao casal de namorados, dissera consigo mesma:

— Creio que teremos bodas dentro em breve nesta casa. Deverei começar a escolher as melhores tapeçarias para os noivos e os melhores cordeirinhos para o dia da festa... Sim, há de ser uma grande festa, uma grande festa! E como o meu velho Arnold ficará contente com a notícia que eu lhe darei agora, já, neste momento!

E, com efeito, um mês depois, Romolo Del Ambrozzini, comovido, abençoava o casamento de Henri Numiers e da bastarda de Sourmeville, a linda Berthe, a quem os parentes de seu pai haviam abandonado na aldeia. A população das três aldeias vibrou de alegria com o inesperado evento. Nunca se vira melhor festa de bodas pela redondeza de 10 léguas. Apenas um coração chorava de angústia nesse dia, enquanto a aldeia se rejubilava. Era a mãe de Franz Schmidt, que morrera pelo amor daquela que se casava.

Segunda Parte

A ovelha rebelde

1

ONZE ANOS DEPOIS

Durante três anos o casal de esposos viveu embalado pela própria felicidade. Um grande amor parecia unir seus corações em elos sacrossantos de fidelidade e mútua compreensão. Contando agora 21 anos, Berthe dir-se-ia esposa apaixonada, ciosa de todos os gestos e instantes do marido. Acompanhava-o ao campo, na fiscalização da herdade, porquanto, apesar de ter sido armado cavaleiro e pertencer à companhia de defesa de Stainesbourg, Henri não abandonara seus interesses particulares; cavalgava a seu lado pelas estradas banhadas de sol ou deslizava pelo gelo em trenós leves, durante competições festivas; preparava-lhe as armas, cuidadosa de que estivessem bem polidas, e, à noite, cantava doces melodias ao cravo, a fim de distraí-lo. Henri amava-a e se considerava o homem mais feliz do mundo. Depositava na honradez da esposa a mais sólida confiança, sem se deter na possibilidade de um dia ver derruída a felicidade de que dependia sua própria vida. Antoine Thomas, por sua vez, sabendo-se amado por Berthe antes dos seus esponsais, recolhera-se, agora, ao mais completo isolamento; fugira, por assim dizer, do convívio da aldeia, a fim de se conservar afastado dela, evitando possíveis expansões futuras. Dera-se, porém, fervorosamente, ao santo cultivo da caridade para com o próximo, socorrendo e aliviando os sofredores do corpo e da alma por toda parte onde pudesse levar a sua missão de servo do Cristo. Viajava, portanto, frequentemente, e, muitas vezes, demorava-se meses seguidos, levando suas aulas aos castelos e conventos. Berthe, porém, nas profundezas do coração, sofria a dor de uma saudade constante, e, julgando-se esquecida pelo coração que sempre desejara junto do seu, esforçava-se em dedicações sempre maiores em benefício do esposo e da família a que agora pertencia.

Um dia, no entanto, inesperado acontecimento veio modificar radicalmente a vida dessas personagens, que pareciam assinaladas por um atormentado passado espiritual.

* * *

O século XVII, se foi um período, tal como o XVIII, em que a corrupção geral pareceu exorbitar das suas possibilidades de ferir a civilização, foi também ciclo de brilhantismo intelectual. Coube-lhe a honra de trazer em seu bojo grandes vultos do pensamento: poetas, músicos, artistas, pintores, filósofos, escritores etc., que prepararam ambientes, para a descida à Terra, da fina flor da intelectualidade em geral, que povoou o mundo com a pujança de talentos ainda não superados nos dias atuais. Desde a Renascença que esse jorro de intelectualidade começara a infiltrar-se na sociedade terrena. Provinham de esferas planetárias mais evoluídas esses adamantinos pensadores que, se pouco traziam de santidade nos refolhos da alma, tanto traziam de belo nas ânsias do coração, para a integração no ideal, que se viram cingidos com auréolas que caberiam a arcanjos. Outros provinham de esferas consagradas à Arte, esferas de onde a própria Arte é irradiada em inspirações brilhantes, para acalentar as asperezas dos mundos, protegendo-os com a feição do belo, que também consola sofredores e mártires, que reanima os fracos e educa a sensibilidade, e que só não redime almas para o Reino de Deus porque as virtudes do amor se lhe sobrepõem. Outros ainda fizeram na Terra a sua evolução intelectual, através das reencarnações e dos consequentes estágios no Além, e, fortalecidos sob as bênçãos da inspiração e da intuição, atingiram a genialidade com um significativo triunfo, sem haverem ainda penetrado as esferas especializadas no gênero.

Pelos séculos XVII e XVIII, por toda a Europa seria galante ser artista, ainda que apenas no modo de vestir-se, ser poeta, escritor ou mesmo declamador. Muitos nobres que eram poetas e artistas ocultavam as próprias aptidões sob pseudônimos, ou cediam suas produções a verdadeiros artistas. Ia decaindo a cavalaria, e os gostos e tendências pessoais, agora mais finos, pendiam para as expansões do espírito. O sul da Europa, principalmente, apresentava tal tendência com acentos positivos, e a nobreza, então muito frívola, a par da vaidade intransigente em que vivia, habituava-se já ao cultivo do pensamento, ou seja, do espírito. Talvez o fizesse por simples vaidade, pois que, num salão aristocrata desses dois séculos, seria tão admirável agitar o lenço com elegância, para fingir que se assoava, como usar cabelos postiços empoados; tão elegante aspirar uma pitada de rapé perfumado a lírio ou a verbena como sacudir o pó inexistente dos punhos de renda do casaco ou da gravata, também de rendas, e dizer às damas madrigais impertinentes, criados de momento em versos clássicos, e recitar Virgílio,[11] Ovídio[12] ou Dante.[13] Uma filha de Luís XV, o qual reinou na França de 1715 a 1774, seria escritora. Jamais se provara, porém, se a bagagem literária da princesa seria realmente produzida por ela ou se por algum intelectual assaz pobre para lha vender, ou se por um secretário favorito. O que foi certo é que Maria Adelaide passou à posteridade como escritora, e que, por sua época, a notícia bastava para que as demais mulheres, nobres ou não, também se portassem como escritoras. A pintura, os grandes poemas, o teatro em versos, o canto e todas as modalidades da Arte obtiveram consagração já nos séculos XVII e XVIII, às vésperas da descida ao planeta da chamada

---

[11] N.E.: Publius Virgilius Maro, o mais célebre dos poetas latinos, nasceu nas proximidades de Mântua em 71 a. C., e morreu em Brindes em 19 a.C., autor das *Bucólicas*, das *Geórgicas* e da *Eneida*, sendo que esta ele não terminou por ter falecido.

[12] N.E.: Publius Ovídio Naso (43 a.c.) foi um poeta latino, fácil e brilhante, amigo de Virgílio e de Horácio.

[13] N.E.: Dante Alighieri (1265–1321), poeta italiano, autor de *A divina comédia*.

"falange brilhante" de inesquecíveis artistas e pensadores cujo gênio os imortalizaria na Terra.

Ora, quando o barão Fredérych deixara a Flandres para se restabelecer na Alemanha, seu filho Louis desejara prosseguir no aprendizado das Belas-Letras e das Artes, iniciado com o padre Thom, em sua aldeia, e tomara, naquele país, insignes mestres da época. Enquanto seu pai permanecia em tratamento no convento, o filho dedicava-se a sérios estudos, passando, depois, para a Holanda, onde contava aperfeiçoar-se em pintura.

Não obtendo, porém, melhoras para a saúde, o barão Fredérych deixara a Alemanha e se refugiara no sul da França, naquela Touraine, local aprazível denominado "jardim da França". Mas o mal que o torturava, a tuberculose, prosseguia devastando suas forças, e fora em vão que procurara novos médicos e clima suave. Dentro de pouco tempo o viúvo de Claire de Sourmeville entregava a alma a Deus, deixando o filho inconsolável, ainda estudando na Holanda. Louis atingira, então, os 21 anos, e reconhecera-se completamente arruinado de finanças, sendo preciso, agora, trabalhar para poder subsistir. O patrimônio paterno — as terras e o Castelo de Stainesbourg — hipotecado aos primos de Sourmeville fora perdido, dado que a hipoteca não pudera ser levantada. Louis vira-se, pois, desamparado, sem recursos para poder manter a vida brilhante da aristocracia da época. Essa fora a razão de padre Romolo não mais receber, pelo Natal, as notícias do barão e de seu filho, nem a mesada anual devida a Berthe.

Porque não sentisse atrativos para a carreira das armas e da política, procurou refúgio junto a um primo paterno que era religioso e habitava um convento da Holanda. À sombra dessa proteção esclarecida, tornara-se, além de bom religioso, bastante culto em letras, tendo concluído os estudos de pintura e aperfeiçoado os conhecimentos de ordem geral. Urgia, porém, cuidar da própria vida e deixar o convento, já que não desejava seguir a vida religiosa, e Louis Fredérych, então, iniciou vida artística profissional, como muitos intelectuais da época. Mas não esquecera a linda prima Berthe, e dizia consigo mesmo, como em oração diária:

— Entregue a padre Romolo e aos Numiers, Berthe estará devidamente amparada, melhor do que com os próprios Sourmeville, que não a estimam. Sei que venho sendo ingrato e displicente, deixando de buscar notícias suas, e de reavê-la para junto de mim, conforme promessa feita a minha mãe. Porém, que fazer, se minha condição é precária e necessito algo tentar para o futuro? Sou eu, agora, o seu tutor, por morte de meu pai. Ela prometeu esperar o meu regresso a fim de nos casarmos. Estou certo de que esperará. Irei buscá-la pelo Natal.

No entanto, os impedimentos acumulavam-se, Louis deixava de seguir naquele Natal. De Nuremberg ou de Amsterdã às Flandres o trajeto seria penoso e dispendioso, e, assim sendo, onze anos se passaram de ausência entre ele e Berthe.

Entretanto, ele conhecera na Holanda o conde Ferdnand de Görs, nobre flamengo de origem alemã. Declarando-se grande admirador da intelectualidade, como era de uso os nobres afetarem, a fim de observarem a moda corrente, Ferdnand de Görs, conde de Pracontal, conquanto fosse homem de armas, desejou acentuar a particularidade, também em moda, protegendo um artista pobre. Fez-se, então, amigo e protetor de Louis de Stainesbourg, auxiliando-o a impor-se à sociedade pelo próprio talento, convidou-o a regressar a Flandres em sua companhia, onde, em Bruges, possuía o velho castelo da família, e tornar-se seu secretário particular. Ferdnand era rico, poderoso, pródigo e serviçal para com os amigos, tornara-se paternal para com todos eles aos seus 40 anos bem vividos, era solteiro e dado a conquistas amorosas, e Louis, compreendendo as vantagens de tal aliança, aquiesceu facilmente à proposta, e, dentro em pouco, instalou-se em Bruges ao lado do generoso protetor de sua família, disposto a trabalhar leal e honradamente. Seus desempenhos eram importantes para a época ociosa de então: organizar festas no palácio do nobre de Pracontal, escrever poemas, discursos e madrigais para seu protetor dizer quando necessário, pintar retratos, restaurar pinturas interiores, aprimorando o estilo desta ou daquela peça. E a todos cativava pela distinção das maneiras e a delicadeza do trato, tornando-se, ainda, admirado pelo talento que imprimia à sua arte poética e aos seus quadros.

Não obstante, Louis não era afeiçoado aos exercícios de esgrima, e tal falha na sua educação oprimia-o profundamente, levando-o a retrair-se dos ambientes em que as armas fossem preferidas ao teatro ou aos poemas. Manejava mal o florete e aborrecia a espada, declarando que jamais conseguiria méritos na esgrima. Ferdnand era, ou se fazia de, bonachão a fim de parecer excêntrico. Ria-se do amigo sem constrangimentos, à mesa ou nos salões, observando ao moço artista que, sendo, como se via, admirado pelas mulheres como homem e artista que era, seria de bom aviso aperfeiçoar-se no manejo do florete, visto que, possivelmente, um dia ver-se-ia desafiado por algum rival para o duelo, e, como nobre, não se poderia esquivar a um encontro dessa natureza, se desejasse continuar honrado com a consideração dos seus pares da nobreza. Por isso mesmo, Ferdnand, hábil esgrimista, conhecedor de todos os segredos de golpes de espada e de florete, lecionava esgrima ao delicado Louis Frédérych, que, mau grado seu, procurava aprender o melhor possível.

Alguns poucos meses após a chegada a Bruges, Louis confessou ao conde que desejava licença para visitar a terra natal, e partiu para a aldeia de Stainesbourg. E assim foi que, por um belo dia de sol, quando o céu se engalanava de azul e as flores sorriam nos prados jubilosos pelas dádivas da primavera, que voltava, as belas montanhas de granito coroadas de neve viram surgir por entre os arbustos redivivos do caminho uma galante carruagem com as armas de Ferdnand de Görs, puxada por três cavalos. Depois de onze anos de ausência, pisava novamente a terra onde nascera o nobre filho de Claire de Sourmeville-Stainesbourg, trêmulo de gratas emoções, sorrindo às paisagens que lhe recordavam a infância feliz ao lado de seus pais, de seu colaço Henri Numiers e de sua linda e mimosa prima Berthe, a quem jamais esquecera e a quem procurava agora, disposto a cumprir a promessa de matrimônio firmada na infância.

2

Volta o Passado

O primeiro cuidado do jovem barão chegando ao solar que o vira nascer, agora propriedade de parentes de sua mãe, fora indagar dos mesmos notícias de sua prima Berthe de Sourmeville, a qual — pensou ele — bem poderia ser que passasse à guarda dos mesmos parentes, pois que também ela usava o nome da família. Admirou-se, porém, das esquivanças dos tios e dos primos em tratar o assunto, pois asseveravam eles que não se haviam comprometido com tutela alguma, nem reconheciam como pertencendo à família a neta de um moleiro, nascida fora das leis do matrimônio. Louis não insistiu ante a aridez do terreno, porém, não desanimou, e, na manhã seguinte, levantando-se cedo, procurou encontrar antigos servidores do Castelo, a fim de colher informações.

— E se morreu? — pensava, enquanto palmilhava os caminhos que levavam às choças dos camponeses. — Morreu, certamente. Como suportaria a infeliz criança o abandono em que a deixamos? No entanto, meu Deus, não fui culpado. Jamais consegui oportunidade, senão agora, de procurar reavê-la para o nosso lado.

Na primeira residência campesina que aportou, reconheceu, de imediato, o antigo pajem das cavalariças de seu pai. Recebido respeitosamente, deu-se a conhecer, e a alegria penetrou a casa dos fiéis servidores de outrora. Após os devidos transportes de ternura, Louis chegou-se ao velho cavalariço e interrogou:

— Dizei-me, caro Fritz: ainda vive por aqui a menina Berthe, pupila de minha mãe, confiada aos Numiers pelo barão, meu pai, quando do seu afastamento de Stainesbourg?

O velho servo baixou a cabeça, passou a mão pela barba, mudou o velho gorro de uma para outra mão, e respondeu, como que baixando a voz, envergonhado diante da pergunta que ouvia:

— Sim, meu fidalgo, a menina Berthe ainda vive, é formosa e saudável como sempre, e reside, sim, na herdade, com os Numiers.

— Oh! Vive então, com a graça de Deus! — exclamou Louis jubiloso.

— Sim, meu Senhor, vive e até é feliz. Visito os Numiers frequentemente.

— Que faz? Como vive? É bem-educada? Como pôde resistir à nossa separação? Lembrar-se-á de mim, porventura?

— Afianço ao senhor barão que é feliz, mas, se se lembra de vossa pessoa não sei, pois jamais a ouvia nomear alguém da família de Stainesbourg ou de Sourmeville. Mas casou-se, há três anos, com o próprio cavaleiro Henri Numiers, o homem mais rico da aldeia, depois dos senhores de Sourmeville...

— Pois casou-se? A menina de Sourmeville, filha de um conde, casou-se com um homem do campo, agraciado com um título militar, o meu colaço Henri?

— É o que vos digo, meu fidalgo, casou-se.

— Mas como pôde ser isso? Quem consentiu e presidiu o casamento? Há três anos ela era de menoridade. Quem o presidiu, se meu pai era o seu tutor e não expediu a ordem, pois tudo ignorava?

— Tal particularidade ignoro, senhor. Certamente, como não houvesse notícias dos tutores da menina desde muitos anos...

— Mas, então, esse casamento não é válido perante as leis da nobreza, não pode ser, não é válido...

Muito emocionado, sentindo-se culpado ante o acontecimento, Louis agradeceu e retirou-se pensativo e contrafeito. Mas, após o almoço, requereu um cavalo das cavalariças dos primos, montou-o e dispôs-se a cavalgar pelas cercanias. E aqueles que o observavam viram que ele se dirigia para a aldeia dos Numiers, no outro extremo de Stainesbourg.

* * *

As terras da aldeia de Stainesbourg eram separadas da Quinta Numiers por um pitoresco bosque de carvalheiros. Para além das terras dessa rica propriedade começava a próspera aldeia de Fontaine, circunscrição ainda dependente daquele burgo. Chegando a esse limite, no silêncio augusto da mata festiva sob o despontar da primavera, Louis deteve o cavalo e seguiu a pé, desejoso de gozar melhor as harmonias da natureza, sob o perfume dos arvoredos. Subitamente, porém, sua atenção foi despertada pelos ladridos de um cão valente, ao passo que voz juvenil de mulher açulava-o contra uma caça certamente imaginária, por entre risadas folgazãs. A doce voz falava ao cão com intimidade e se aproximava cada vez mais do local onde se encontrava o jovem fidalgo. Até que, repentinamente, depara este com a formosa dona dessa voz.

Trajava como as burguesas abastadas e seus vestidos, de excelente tecido rosa, com decotes discretos e saias armadas com ornamentos de tecido azul, indicavam o bom gosto da dama em vestir-se, ao passo que um lenço de seda fina, como crepe, orlado de rendas largas, ornava-lhe o colo em fichu abotoado com valioso camafeu azul e nácar com a efígie de uma deusa, joia muito em voga pela época. A dama calçava pequenos botins brancos impermeáveis, para proteger os pés contra as pedras e os espinhos das estradas, e também contra o orvalho ainda não de todo evaporado pelo sol, e trazia à cabeça lindo toucado branco ao tipo flamengo, mas seus cabelos, muito louros e brilhantes, caíam pelos ombros e o colo em duas tranças graciosas que antes pareciam velos de ouro de alguma fada das matas, que surgisse para surpreender os viajantes com os próprios encantos.

Deslumbrado com a aparição, Louis deteve-se surpreendido, notificando, ainda, a alvura imaculada da tez daquela linda mulher, o rubor dos seus lábios, o esplendor dos seus olhos brilhantes, que pareciam animados por ignotos luzeiros da alma. Com presteza o moço fidalgo reconheceu sua prima de Sourmeville. Não obstante, habituado às afetações dos salões, deteve o primeiro impulso de correr para ela, esperando ver se, por sua vez, ela o reconheceria. Berthe, no entanto, não o reconheceu imediatamente, embora recordação vaga ameaçasse elevar-se das próprias reminiscências.

Percebendo o forasteiro, o cão avançou em atitude agressiva. Mas a jovem deteve-o com um grito e o belo animal retraiu-se, rosnando, voltando para junto da dona, como esperando ordens. Louis Fredérych então atreveu-se alguns passos e, com um sorriso brejeiro, contendo o ímpeto que lhe assomava do coração para dar-se a conhecer e tomá-la nos braços, disse, como se se encontrasse num salão, a tecer madrigais para as damas do seu conhecimento, como de uso na época:

— Obrigado, deusa ou anjo da eterna beleza, que um destino, decerto traçado nas luzes do Olimpo, me fizeram encontrar nesta mata, disfarçada em princesa...

"Obrigado, flor magnífica dos campos, cuja formosura extasia os meus olhos, e cujo sorriso ilumina o meu coração de doce encantamento...

"Não fosse teu gesto, detendo o cão, e eu seria agora, certamente, mero cadáver, que teria tido a glória de morrer sob teu olhar...

"Consente, estrela ou mulher, que te cumprimente, depondo o meu beijo reconhecido em tua mãozinha de açucena?"

Eles eram Ruth Carolina de La-Chapelle e o príncipe Frederico de G., esposos de uma existência anterior, novamente à frente um do outro.

Berthe respondeu, cheia de timidez:

— Creio que exagerais, meu fidalgo, como dizem ser de uso nos salões da nobreza. Não deveis agradecimentos a uma mulher do povo. E um fidalgo, segundo creio, não tem por hábito beijar a mão a pastoras, como eu.

— Não só as beija, doce avezinha flamenga, como até se prosternará a seus pés se, como tu, as pastoras são anjos transformados em mulher...

— Quem vos garantirá, senhor, que estejais diante de um demônio, e não de um anjo? Nosso santo pároco assevera que os demônios costumam disfarçar-se em anjos para tentar incautos...

— Não acatas advertências do teu santo pároco, minha flor; creio, porém, nestes teus olhos luminosos, na doçura da tua voz, na angélica expressão do teu rosto de santa. Não, não podes ser um demônio... E hei de beijar-te, minha rosa silvestre, tenho direito aos teus afagos, pois eu...

— Se sois fidalgo reparai, senhor, que vos encontrais à sombra de um bosque e não nos vossos salões da nobreza... e reparai que me encontro aqui só com o meu cão e sou pessoa respeitável desta aldeia...

Disse e fugiu em correria, chamando o cão, que a seguiu, ao passo que Louis se esforçava por acompanhá-la arrastando o cavalo pelas rédeas, embaraçando-se aqui e ali, pelos galhos dos arbustos que orlavam o caminho. A jovem, porém, corre ligeira, às gargalhadas, não percebendo que ele chama-a pelo nome, e, a certa altura, volta-se e atira-lhe um beijo nas pontas dos dedos, encantada com a aventura, certa de que não haveria maiores consequências porque já ali estavam a casa da herdade e os trabalhadores do campo, que vão e vêm no afã cotidiano. Mas, nesse mesmo instante ouve, finalmente, que o fidalgo grita agitado:

— Berthe, minha Berthe querida, espera-me! Sou o teu Louis que voltou! Como não me reconheces?

Só então ela o reconhece. Como ele estava diferente daquele menino que a carregava nos braços, daquele adolescente de 15 anos, que prometera casar-se com ela na maioridade! Detém-se, porém, e, como que fulminada por um choque, fita-o entre surpresa e aterrorizada.

Álacre a princípio, o encontro agora tornou-se frio. Não se beijaram. Não se abraçaram. Ela não lhe deu as boas-vindas. E ele beijou-lhe apenas a mão, com cerimônia, enquanto disse timidamente:

— Ó, querida prima!

E ela respondeu emocionada:

— Louis, pois voltaste?

Somente ao chegarem à casa da herdade e após os efusivos abraços em Henri, em Marie e no velho pai Arnold foi que Berthe deixou-se cair nos braços do primo, desfazendo-se em pranto convulsivo, que a todos constrangeu.

3

DÚVIDAS

Fora dos mais significativos o acolhimento que Louis lograra obter dos aldeões de sua antiga aldeia, de Numiers e de Fontaine. O fato de ser ele filho daquela inesquecível dama cognominada "anjo dos pobres" e daquele senhor feudal que libertava seus vassalos e os presenteava com terras e herdades para a si próprio, depois, arruinar, eram credenciais que o recomendavam ao coração de quantos tinham notícias de sua volta. Naquele primeiro dia, instado pelos Numiers, concordara em se hospedar na herdade, e fora, pois, com prazer que no dia seguinte fizera transportar bagagens para a casa da antiga ama e do velho pajem de seu pai. Louis, afável e simples, cativava a todos com seus modos singelos, pois passara a fazer vida campesina ao lado dos aldeões, perlustrando os campos de cultura, colhendo frutos, tratando ovelhas, ordenhando cabras e vacas, afirmando aqui e ali que trocaria de bom grado a vida superficial dos salões pela encantadora sinceridade do campo. E ao ouvirem-no, exclamavam os velhos habitantes das três aldeias:

— Este sabe honrar a memória dos pais. É simples e amigo dos pequenos.

Sua afeição pelo antigo colaço conservara-se inalterável, e quem os visse agora, cavalgando juntos pelas estradas, afirmaria que haviam regressado às 15 primaveras, quando juntos faziam o mesmo, e que jamais se haviam separado. Henri exultava com a presença do colaço, amava-o como a um verdadeiro irmão, oferecera-lhe todos os préstimos sabendo-o arruinado, até mesmo a devolução da herdade doada por sua mãe, pois restaria a eles, os Numiers, os lucros já obtidos na exploração da mesma, lucro que permitiria aos mesmos Numiers reiniciarem a vida em outra propriedade a ser adquirida. Mas Louis agradecia comovido, recusando o favor porque seguiria a vida artística nos grandes meios sociais, enquanto a confiança se impunha porventura ainda mais no coração do cavaleiro pelo seu companheiro de infância. E muitas vezes, para que Louis conseguisse reproduzir, para os quadros que desejava pintar, as paisagens da região, sem ser molestado, Henri acompanhava-o ao campo ou às montanhas, montando guarda em derredor enquanto o outro trabalhava. E tudo parecia ser protegido pela cândida harmonia das grandes e imorredouras afinidades.

Não obstante, pesadas preocupações absorviam a cada momento o espírito do jovem pintor, que temia analisar a profundidade do abismo que se escancarava no próprio coração. Ao rever a prima, doces recordações se levantaram dos arcanos de sua alma para se imporem ao presente, conduzindo impressões que ameaçavam levar de roldão todas as conveniências que poderiam detê-lo. Compreendia, angustiado, que a terna afeição que outrora nutrira pela prima ainda criança, fazendo-o sonhar, aos 15 anos, com o matrimônio para a maioridade, agora, em sua presença, se levantava do coração, no qual permanecera adormecida durante longos anos, para se revelar como amor ardente e insopitável, paixão dominante que não mais se deteria. E o que mais o atemorizava, levando-o a procurar a companhia do próprio Henri como defesa contra eventualidades imprevisíveis, era reconhecer-se correspondido por Berthe, certo de que era amado com impetuosidade idêntica à que fazia tumultuar seu próprio coração, roubando-lhe o sono durante noites consecutivas. E meditava então consigo mesmo:

— O dever aconselha-me a partir, dizer adeus para sempre a estes amigos queridos, para evitar um drama, uma desonra, pois Berthe, como esposa de outro, deverá ser sagrada para mim. Porventura, meu Deus, terei o destino de jamais poder viver entre os que amo? Sim, partirei! Amanhã disporei as bagagens, encaixotarei os quadros e nunca mais voltarei a Stainesbourg, para que Berthe e Henri continuem felizes.

Se Louis tivesse ouvido esses ditames da consciência e abandonasse a aldeia teria evitado situações deploráveis para o próprio futuro e o futuro daquela a quem amava, pois, muitas vezes, sofremos na vida terrena não propriamente a força de uma punição, mas a consequência de erros cometidos na mesma existência vigente. Esse grupo de Espíritos havia se reunido na encarnação para os trabalhos de reconciliação de hostilidades antigas na fraternidade recíproca. Não era, pois, de lei que os fatos que se desenrolaram fossem obrigatórios. Eles, certamente, tiveram causa nas paixões incontroláveis daqueles que não souberam cumprir o dever consigo próprios e com aqueles que os circundavam. Foram, pois, inteiramente responsáveis, perante a Lei de Deus, pelos acontecimentos que se sucederam.

Louis não se animou a cumprir a promessa feita à própria consciência para se retirar quanto antes da Quinta Numiers. De outro modo, Marie, Henri e Arnold rogavam-lhe que não se fosse ainda, pois quem sabia se o destino os voltaria a reunir algum dia? Louis então aquiescia, desculpando-se consigo próprio com a insistência dos amigos em detê-lo, mas em verdade porque assim o exigia o próprio coração. E ficava na herdade, e continuava ao lado de Berthe para sentir o coração inflamado de ternura a cada nova pulsação, inteiramente sem forças para reagir contra as doces teias que lhe envolviam o ser. E três longos meses se escoaram, tendo ele feito um correio a Bruges, participando ao senhor de Pracontal que por motivos de enfermidade deixava de regressar no tempo previsto.

Foi o próprio Henri Numiers o primeiro a notificar a anormalidade da situação, o que para ele foi como que terrível ameaça de uma derrocada iminente.

Comumente, os grandes amorosos — e Henri era um grande amoroso — deixando-se envolver pelas harmoniosas vibrações com que saturam o próprio ser, as quais se fortalecem e irradiam alimentadas por vibrações idênticas emitidas pelo ser amado, chocam-se profundamente quando percebem que o desampara a boa vontade das vibrações irmãs. Tornam-se então profundamente intuitivos, extraindo, por efeitos telepáticos, da aura daqueles que os atraiçoam, as denúncias vibratórias, ou telepáticas, que qualquer outra personalidade seria incapaz de perceber e registrar no senso próprio. É a "desconfiança", que, não raramente, nada mais é do que a "certeza", existente no subconsciente, do testemunho que deverá apresentar na provação da traição a suportar. Muitas vezes, porém, será no próprio sono corporal que tal certeza advém, pois, nesse estado, descobriram a verdade a respeito de si próprios e também daqueles por quem se interessam e que para com eles pretendem a deslealdade. E eis então a "desconfiança", as intuições que os guiarão à descoberta objetiva de quanto se passa, eis as "casualidades" que os levam a descobrir toda uma trama de traições, que quase sempre redundam em irremediáveis desgraças que requererão séculos para serem corrigidas, se aquele que foi traído não estiver preparado para suportar a provação e perdoar.

Tal como seu jovem primo, Berthe encontrava-se enredada em uma trama de amor. Enervava-a, porém, o irritante silêncio do mesmo, a resistência, por ele demonstrada, em servir-se dos ensejos por ela engendrados para confessar-lhe sua paixão. Entretanto compreendia-se amada, percebia que Louis sofria, e sofrendo ela própria a delicadeza da situação tornava-se melancólica e irritada, desinteressada de tudo quanto antes parecia torná-la tão feliz. Quando esse típico estado psicológico afetou o trato ao marido, quando este percebeu que se tornara apenas suportado por aquela que dantes todas as demonstrações de afeto lhe concedia, o alarme invadiu-lhe o coração e, sem que ele próprio o desejasse, passou a observá-la.

Com efeito, Berthe impacientava-se à menor interpelação do marido, que a convidava a explicar-se quanto aos modos rudes com que se via tratado, humilhando-o com sarcasmos e desprezo crescente. Berthe não mais aguardava sua volta do campo sob as cerejeiras, como era hábito desde os dias felizes do noivado. E se o ouvia chegar, cioso do seu convívio como o namorado ausente desde muito, Berthe fugia irritada, confessando a si mesma que até as suas passadas no lajedo do pátio e nos degraus da escada lhe eram odiosas.

— Quem sabe será a maternidade que se anuncia e a querida criatura está enferma? — indagava ele de si mesmo, pronto a desculpá-la e deixar de sofrer diante de qualquer motivo que explicasse a insólita situação.

Por essa época as relações entre Henri Numiers e o padre Thom eram as mais confiantes e gratas, como, aliás, o foram sempre. Henri não tinha segredos para o amigo sacerdote e consultava-o e com ele se aconselhava sobre todos os problemas que se apresentassem em sua vida.

Entristecido diante do fato que se acentuava diariamente, depois de alguns dias de torturante expectativa Henri procurou o amigo no Presbitério e descerrou-lhe o coração em queixas sinceras:

— Sim, meu caro padre Thom, Berthe evita-me e humilha-me de forma exasperante, em presença de quem quer que seja. Chegou mesmo a declarar-me que estaria, certamente, louca ao consentir em desposar-me, pois, em verdade, nunca me amou. Por mim apenas sente uma atração seguida de repulsão...

— E quando notaste sua indiferença para contigo, meu amigo? É recente? Talvez antiga?

— Confesso que somente agora notei-a. Ela asseverou-me agora que atração e repulsa foram os sentimentos que sempre a animaram a meu respeito. Por muito amá-la escudei-me em absoluta boa-fé e jamais duvidei da sua lealdade. Mas agora forcei as próprias recordações e...

— Continua, Henri!

— Sim, com a presença de Louis Fredérych é que coincidem os maus modos com que me vejo tratado.

— Talvez Berthe esteja enferma e não haja realmente motivos para inquietações. É excessivamente nervosa e caprichosa, e, reconhecendo em ti desvelos constantes para com ela, abusa do poder moral criado sobre ti. Deverias tê-la tratado com mais severidade desde o início, meu amigo...

— Padre Thom, não conservo ilusões: Berthe de Sourmeville-Numiers, minha esposa, ama seu primo de Stainesbourg e sempre o amou. Jamais o esqueceu.

— Por quem és, meu pobre Henri, afugenta de tua mente tais pensamentos, que são desonrosos para um homem de bem. O ciúme cega-te e te leva a delirar criando situações certamente inexistentes...

— Berthe ama-o, padre Thom, e é amada por ele, seu primo de Stainesbourg — e, ao afirmá-lo, a voz de Henri era soturna, revelando o inferno de apreensões que agitavam sua alma, enquanto o conde provençal procurava serená-lo, sentindo o gelo da angústia no coração:

— Proíbo que continues a afirmá-lo. Tuas suspeitas são filhas de ciúmes infundados. Sempre tiveste ciúmes de Berthe, desde a infância. Reage, Henri Numiers, sobrepondo-te a ti próprio!

— Assim quisera eu que fosse. Se fôsseis um homem casado saberíeis, padre Thom, que, quando uma esposa se furta ao convívio do esposo, preferindo humilhá-lo com seu desprezo, é que outra imagem que não a dele lhe domina o coração. Até agora nada surpreendi, é verdade, e declaro mesmo que não encontrei razões para acusar Louis. Mas sinto que me não engano e ficarei em observação de hoje em diante. Se se confirmar minha suspeita, matarei a ambos e me despenharei depois da montanha que limita nossas terras com a aldeia. Sinto-me desesperado, padre! Sabei, porventura, o que seja um homem sentir o inferno no coração? Pois eu o sei! Sabei o que seja o desgraçado amar sem ser amado, ver-se rejeitado na veneração que consagra a outrem, humilhado no seu sentimento mais caro? Pois eu o sei! É o que estou sentindo. Socorrei-me, padre Thom, meu amigo, socorrei-me, por Deus!

Antoine Thomas descansou a destra sobre o ombro do amigo, enquanto profunda preocupação carregou-lhe a fronte de ordinário serena:

— Descansa! — exclamou depois de curto silêncio — falarei a Berthe ainda hoje. Ela não me encobrirá a verdade, pois respeita-me. E se algo eu próprio suspeitar, advertirei Louis e fá-lo-ei abandonar a aldeia amanhã mesmo.

— Que Deus vos ouça, padre Thom. Esperarei.

Retirou-se do Presbitério e, montando o seu cavalo favorito, que ficara amarrado no pátio de entrada, regressou à herdade e recolheu-se aos seus aposentos, onde se deixou cair num canapé para adormecer rapidamente. Até ali, no entanto, chegavam os sons álacres do riso de Berthe, que se divertia fazendo correr o cão atrás dos gansos para ouvi-los grasnar aflitamente, no que era auxiliada pelo primo.

4

Tentativas Salvadoras

Dentro em pouco chegava à herdade uma carta para Berthe de Sourmeville-Numiers. Era de Thom, convidando-a a uma visita ao Presbitério a fim de ouvi-lo sobre assuntos urgentes. A missiva, discretamente entregue à destinatária por um discípulo do moço religioso, fora lida às ocultas, e sua recepção nem mesmo pressentida fora por Louis, que se encontrava pelas imediações. Com a curiosidade extremamente aguçada Berthe dirigiu-se aos próprios aposentos e leu:

"Peço vênia, minha senhora, para convidar-vos a uma visita ao Presbitério com a máxima urgência. Algo importante obriga-me a participar-vos de que permanecerei à espera."

— Que desejará ele? — meditava ela enquanto se envolvia em seu longo manto negro e calçava os botins do campo — Certamente algo importante existe para forçá-lo a uma atitude desta, pois, se assim não fora, ele é que teria vindo aqui... ao passo que ultimamente nem mesmo tem falado comigo...

A tarde caía quando a bastarda de Stainesbourg penetrou os umbrais do Presbitério. As aulas haviam começado. Mas o conde de Vermont, o querido Thom, participando a seu pai que se dispensava naquela tarde do dever diário, porquanto assunto inadiável o requisitava a bem da família Numiers, retirara-se da sala para postar-se à espreita de Berthe a fim de recebê-la, pois não ignorava que um convite seu seria ordem para a esposa do amigo. Fê-la, portanto, entrar, recebendo-a cerimoniosamente, e Berthe, trêmula e impressionada, seguiu-o em silêncio, notificando-o absorvido em preocupações. O moço religioso, porém, já a conduzira para a biblioteca, fechara-se ali com ela e, sem convidá-la a sentar-se, disse sem rodeios:

— Berthe, alma da minha alma! Criatura bem-amada, para a felicidade de quem eu daria a própria vida! Olha para mim, Berthe, fita-me frente a frente! Quero saber se continuas digna do meu respeito, desse angélico sentimento que te consagro, e que somente a Deus tenho tido forças para confessar!

Aturdida, a princípio a jovem não compreendeu o sentido daquelas palavras, que tanto poderiam parecer a ordem de um juiz como a súplica do coração ferido por múltiplas impressões, e, tímida e a medo retorquiu, baixando a fronte:

— Que significa isso, padre Thom? Não compreendo! Por que falais assim?

— Teu marido queixa-se de ti. Dize-me por que o fazes sofrer? Ainda está em tempo, Berthe! E seja qual for o erro que cometas, eu te ajudarei a te libertares dele.

A esposa de Henri baixou novamente a fronte diante do único ser que a faria humilhar-se, e, apertando as mãos uma contra a outra, respondeu num murmúrio, como envergonhada ou constrangida:

— Não cometi qualquer erro contra mim mesma ou contra alguém. Estou inocente de qualquer acusação. Unicamente não amo

Henri Numiers. Nunca o amei. E vós fostes informado desse meu segredo, padre Thom!

— Por que então te casaste com ele?

— Por um dever, por uma necessidade. Henri, porém, não me é odioso e há momentos em que chego a amá-lo profundamente. Mas, de súbito, sinto horror a ele, sinto medo dele e minha alma como que sente que, um dia, ele foi cruel para mim e causou-me grandes desgraças. Sinto por ele uma atração forte e uma repulsão mais forte ainda...

— São evasivas da má vontade do teu coração para com ele. Confessas, então, que amas outro homem que não o teu marido?

— Sim, confesso. E vós bem sabeis quem é esse homem, porque jamais o neguei em vossa presença.

— Berthe, minha querida filha, esse a quem te referes deve ser riscado de uma vez para sempre das tuas cogitações de mulher, pois nunca existiu nem existirá, como homem, nos caminhos de tua vida. Bem sabes que pergunto se esqueces teu marido diante de teu primo Stainesbourg.

— Já vos disse que estou inocente, embora reconheça em mim que entre Louis e Henri eu preferiria Louis, porque confio em Louis e não confio em Henri. Quanto ao meu amor por vós é o mais puro e santo que o meu coração poderia abrigar. Não vos desejo para marido nem amante, apenas quisera que fôsseis o meu pai, o meu irmão mais velho, e que pudesse viver para sempre a vosso lado. Meu amor por vós é doloroso, é cheio de mistérios, é incompreensível. Mas declaro-vos, padre Thom, que não me encontro em confissão e por isso nego-me a responder a qualquer outra insinuação.

Fez um movimento para retirar-se, mas Thom deteve-a, exclamando:

— Tens razão. Mas não é simplesmente o homem, é o amigo leal, o conselheiro que desde tua infância se habituou a zelar por ti que te vem suplicar que, se algo perturba a serenidade do teu lar, que te esforces por reagir contra a tentação e o mantenhas respeitável e feliz como até aqui. Henri venera-te, Berthe, e enlouquecerá no dia em que se capacitar de que não é amado por ti. Pensa, minha querida, nas desgraças que advirão para todos nós se um dia chegares a olvidar os teus deveres de esposa. Henri sofre, e eu, que também te amo e sofro por ti, rogo-te que não o desampares, que o faças feliz, amando-o como ele merece ser amado.

Ela, porém, fitou-o com amargura, que bem poderia traduzir ressentimento, e prosseguiu:

— Um dia, padre Thom, eu vos confessei que me sentiria desgraçada se me visse para sempre banida do vosso amor. Para que eu fosse feliz e me tornasse uma criatura normal seria necessário que tivesse o vosso amparo diário, que sentisse a cada momento a vossa proteção como se sente a proteção de um pai. Não sei o que se passa em mim. Sei é que vos amo santamente, com um amor diferente daqueles que tenho sentido em meu coração. Às vezes, tortura mortal me absorve e eu tenho a impressão de que esse amor vive em mim há séculos, que dramas profundos e incompreensíveis sacudiram nossas vidas e me arrebataram do vosso caminho. Eu não vos amo como uma esposa ou uma amante. Amo-vos infinitamente mais, com um afeto especial, certamente com o amor divino, de que padre Romolo tanto fala. E não me resigno a viver sem vós. Daí a minha tortura, o meu desequilíbrio, que todos ignoram. Às vezes, sinto que preciso me aturdir, amar outro homem, entregar-me à vida, para vos esquecer. Mas que será de mim, no dia em que não mais viverdes dentro de minha alma?

Falava por entre lágrimas, tremendo inconsolável.

Era a irmã de outra vida, Ruth Carolina de La-Chapelle, falando a seu irmão Carlos Filipe, por cujo amor perdera-se vingando-se do massacre de São Bartolomeu na pessoa de Luís de Narbonne, massacre que lhe arrebatara o irmão bem-amado e toda a família.

Antoine Thomas nada respondia. Sentara-se, descansando o braço sobre a mesa e o rosto amparado pela mão. Ele compreendia, mas que fazer? Como convencer Berthe a resignar-se, voltando-se para Deus e empregando em Henri o sublime sentimento que nutria por ele? Vendo que o objeto da sua ternura nada respondia, supôs-se menosprezada e humilhada, e saiu vagarosamente, enxugando as lágrimas, dirigindo-se para a Quinta. Thom não a deteve, não a acompanhou ao jardim. Entretanto, quando percebeu que a jovem já tomara o seu trenó e seguira, dirigiu-se à sala de aula e falou docemente a seu pai adotivo:

— Senhor, grande ameaça pesa sobre a família Numiers, se vossa intervenção não a socorrer. Peço vênia para transmitir-vos o que se passa...

Padre Romolo deixou as aulas a cargo de um auxiliar e saiu, impressionado com o tom dramático do pupilo. Este, em traços rápidos, narrou-lhe as confidências de Henri e a ineficácia das próprias tentativas junto à jovem senhora. Omitiu, no entanto, as confissões desta a seu respeito, assim como a estranha atração afetiva que unia suas almas.

Sem nada comentar, Romolo respondeu apenas:

— Apelarei para Louis Frederých. Ele possui o doce caráter materno. Talvez algo possamos fazer.

E, com efeito, dirigiu-se para a Quinta Numiers, onde pediu vênia para entender-se particularmente com o moço fidalgo.

Ninguém soube o que entretivera os dois homens fechados no aposento de Louis durante cerca de duas horas. Ouviram, porém, que padre Romolo passeava pelo quarto, que Louis falava em tom baixo, porém, magoado, e que Romolo, às vezes, levantava a voz, para amenizá-la em seguida. Berthe agitava-se enervada, despertando a atenção do espírito simplório de Marie, e Henri, que não se dignara ainda deixar o aposento onde se recolhera durante a tarde, continuava adormecido ou esperaria os acontecimentos, conforme prometera a seu amigo Thom. Quando, porém, a porta se abriu e padre Romolo assomou ao umbral acompanhado do jovem barão, para descer as escadas e voltar ao salão, onde a família começava a se reunir para a ceia e o serão da noite, ouviram todos, intrigados, que Louis exclamava, como respondendo ao velho sacerdote:

— Estejai descansado, senhor, partirei amanhã, e para sempre!

A ceia, porém, era servida. Sentaram-se à mesa. Instado por sua mãe, o cavaleiro de Numiers descera e postara-se à cabeceira fronteira a seu pai, servindo-se em silêncio. Inédito constrangimento pesava entre os convivas, que guardavam silêncio. Mas padre Romolo, convidado a cear com eles, suavizava a situação narrando com habilidade uma daquelas brilhantes passagens do Evangelho do Senhor, com que gostava de ilustrar suas encantadoras palestras.

5

A FUGA

A ceia terminou sob disfarçado constrangimento dos comensais. Henri bebera mais do que o habitual e não pronunciara senão pequenos monossílabos durante o repasto. Entretanto Berthe mostrou-se atenciosa e afável para com ele, o que pouco a pouco pareceu serená-lo. Louis Frédérych ouvia a formosa pregação evangélica do pastor de almas ali presente e de vez em quando solicitava esclarecimentos sobre o assunto, talvez no intuito de levantar o interesse para a conversação, assim corrigindo o constrangimento que pesava na atmosfera doméstica, talvez sentindo real interesse pelas doces falas evangélicas. Quem o observasse, porém, notaria que suas mãos tremiam ao segurar o canjirão de cerveja e que suas faces se tornaram visivelmente pálidas.

Terminado que fora o repasto, Henri Numiers solicitou licença a padre Romolo e a seus pais, pretextando fadiga, e retirou-se sem mesmo cumprimentar as demais pessoas presentes. E Berthe acompanhou-o, enlaçando-o pela cintura ternamente, como fora hábito desde os esponsais. Impressionado com a advertência do velho sacerdote, horas antes, Louis deixou passar alguns minutos e dirigiu-se ao velho casal Numiers:

— Minha boa ama... Meu caro pai Arnold... Deixarei vossa hospitaleira casa amanhã, definitivamente...

Marie olhou-o surpreendida, não percebendo a pungente melancolia com que a despedida era anunciada, e protestou:

— Como assim, senhor? Prometestes demorar conosco até o fim do verão, somente regressando ao entrar o outono...

— Deus é testemunha de que eu viveria entre vós qual filho obediente e feliz. Mas não sendo possível a realização de tal sonho, despeço-me agora, antes que as forças me faltem para fazê-lo mais tarde...

— Ficai, senhor, dentro em pouco poderemos resgatar o Castelo para vós, a quantia que temos ajuntado estará completa em poucos meses... — aparteou Arnold.

Louis sorriu tristemente ao antigo servo de seu pai como agradecido pela prova de afeição recebida, mas continuou:

— Encontro-me convosco há três longos meses... e quanto mais me demorar, mais penosa se me tornará a partida. Ademais, como intendente do senhor conde de Pracontal tenho deveres a desempenhar junto dele e uma ausência muito prolongada talvez não seja aconselhável. Partirei, pois, para Stainesbourg amanhã e depois para Bruges, levando a mais doce recordação dos dias felizes passados sob vosso teto.

— Sim — concordou o velho pastor de almas —, se temos deveres a cumprir, mau será se os negligenciarmos.

Eis, no entanto, que Thom chegara a fim de acompanhar seu pai adotivo no retorno ao Presbitério, pois a noite estava escura e a caminhada não era curta. E em breve a paz da noite estendeu seu manto de silêncio sobre a próspera Quinta Numiers.

No dia seguinte, pela manhã, Louis saíra a levar as despedidas aos amigos aldeões, demorando-se no Presbitério parte do dia e ali mesmo almoçando. Envergonhado com a advertência de padre Romolo que, na véspera, o aconselhara a regressar a Bruges, evitando que ecos da antiga afeição por Berthe aflorassem novamente em seu coração, ameaçando a paz conjugal de Henri, e, de outro modo, temendo levantar desconfianças no coração do seu colaço, que se mostrava constrangido em sua presença, desde alguns dias, o caráter delicado e humilde de Louis aquiesceu ao convite do velho amigo sem opor resistência. À tarde dispusera as próprias bagagens, encaixotara os quadros que pintara, e, despedindo-se da ama e de Arnold por entre lágrimas, partiu para o Castelo. Fiéis, porém, aos deveres de hospitalidade, Berthe e Henri acompanharam-no a Stainesbourg, de onde partiria para Bruges dois dias depois, no que foram secundados por padre Romolo. Por sua vez Berthe mostrara-se indiferente ao primo, parecendo aceitar sua partida com naturalidade, e, nesse dia, tão afável e solícita mostrou-se ao marido que padre Romolo e o próprio Henri se convenceram de que as suspeitas havidas contra ela eram infundadas.

A noite que se seguiu fora serena entre os Numiers. Apenas Marie queixava-se de saudades do querido ausente, a quem estimava com grande ternura. Berthe e Henri, agora risonhos, pareciam jamais terem sido tão enamorados, e, em dado momento, após o regresso do Castelo, toma ele a esposa nos braços e interroga-a, entre uma queixa e um afago:

— Amo-te tanto, minha Berthe! Deus é testemunha da minha boa vontade em tornar-te feliz. Por que me feriste com teu desprezo, nestes dias em que quase me enlouqueceste com tua indiferença? Que te desagrada em mim?

Todavia, ela preferiu abraçá-lo também, descansando a cabeça loura sobre seu peito arquejante, e respondeu, como enfadada:

— É que, às vezes, sinto ciúmes de ti e me enraiveço... Nem sei mesmo por onde te perdes, quando vagueias por aí, demorando tanto a regressar à herdade. E não hei de me aborrecer contigo?

Ele sorriu, enlaçando-a talvez com maior ternura, e a confiança brilhou novamente em seus olhos, aliviando-lhe o coração da angústia insuportável dos dias anteriores.

Na noite seguinte tudo parecia regular e sereno. Louis partiria dali a dois dias, mas ninguém o visitara novamente no Castelo nem comentara sua ausência. Nesse dia, Berthe nem mesmo se ausentara da herdade. Apenas, como de hábito, dirigiu-se ao bosque com o cão, a colher sementes aqui e ali. À ceia mostrara-se risonha e travessa, fazendo rir o marido e seus pais com as mil graças de que era portadora, e ela própria preparara os dois canjirões de cerveja e os servira à mesa, o que muito desvaneceu os três dedicados corações. Mas Henri sentiu-se, subitamente, sonolento, participando que se recolheria mais cedo. Dentro em pouco os pais imitaram-no, procurando o leito. E em breve o silêncio dominou a casa e as luzes se apagaram completamente.

Pela manhã o cavaleiro de Numiers despertou verificando que estranho mal-estar lhe prostrava o ânimo e os nervos. Um sabor amargo no paladar indicava que talvez tivesse febre, e dor aguda na fronte tonteava-lhe o cérebro, tornando confusas suas ideias. Olhou em derredor e verificou que a janela do aposento encontrava-se aberta. Uma rajada de sol entrava por ela, dourando o soalho. Investigou o leito da esposa, posto ao lado do seu. Estava intacto. Então pensou: "Minha Berthe levantou-se mais cedo, refez o leito e eu ainda a dormir... Sim, devo estar doente, para poder dormir até agora..."

Entretanto, saltou do leito com presteza e procurou vestir-se, confiado na rigidez da própria força física, dirigindo-se para a porta a fim de descer à sala à procura das pessoas da casa, para que lhe servissem a primeira refeição. Mas, subitamente, ouve que sua mãe bate à porta do quarto com força, enquanto que, com voz amável, mas inquieta, adverte:

— Henri, meu filho, desperta! Que sono tão pesado tens hoje! O dia vai alto! Berthe, Berthe! Por Deus, por que não despertais hoje? Pois são horas do segundo almoço!

Surpreso, precipitou-se para a porta, verificando que se encontrava fechada pelo lado de dentro. Abriu-a com precipitação interrogando, desabrido, à sua mãe:

— Berthe! Onde está ela?

— Pois deve estar contigo, a dormir... Ainda não se levantou...

— Oh, não, não está aqui, levantou-se. Mas não, não se levantou! A porta tinha o ferrolho corrido pelo lado de dentro!

Entraram ambos aflitos e surpresos. Chegaram à janela, que permanecia aberta. Os vidros se mostravam corridos para cima.

— Que significa isso? — inquiriu a si mesmo, em voz alta, inquieto e aturdido, não podendo coordenar as impressões que lhe assomavam ao coração. E sem mais atender a sua mãe, que bradava por ele, desceu as escadas em atropelos, chamando Berthe pelo nome. Procurou-a, então, por toda a casa. Transpôs os pátios, dirigiu-se aos campos, aos pomares, aos bosques, e, atônitos, os trabalhadores viram que o amo corria daqui e dali como alucinado chamando pela esposa, enquanto pelas cercanias o nome tão amado era repetido pelo eco até perder-se na última quebrada dos montes, como adeus supremo a uma felicidade que para sempre se perdia.

— Berthe! Berthe! Onde estás, Berthe?

— Talvez fosse à missa, no Presbitério, e se entretivesse ornamentando os altares... — lembrou Marie pálida e tremente.

Ele tomou do cavalo, celou-o afoitamente, auxiliado pelo tratador, e dirigiu-se a galope à residência de padre Romolo, as ideias confusas, o coração alarmado pela angústia, a mente atropelada por pressentimentos exasperadores. Mas Berthe não assistira à missa, não comparecera ao Presbitério, não ornamentara altares. Então Henri perlustrou por toda a aldeia, à sua procura, visitou as quintas e os casais vizinhos indagando por ela, e, atônita, a população de Numiers, de Fontaine e de Stainesbourg se inteirara de que Berthe de Sourmeville-Numiers desaparecera da herdade de seu marido, porque este a procurava em desesperos por todos os recantos das três aldeias chamando-a pelo nome como se houvera sido acometido de um acesso de loucura:

— Berthe! Berthe! Onde estás, querida Berthe?

E nesse dia, pela tarde toda e até o anoitecer, não regressara a casa e nem sequer se alimentara.

E se embebedara pela primeira vez.

Terceira Parte

Um coração supliciado

1

O CAMPONÊS SOLDADO

No trabalho pungente das necessárias investigações, meu pensamento e minha vontade detêm-se diante da pacata capital da Flandres Ocidental refletida na ambiência etérea que examino: Bruges. Esforço-me... e revejo suas ruas sonolentas e a passividade dos habitantes pouco amigos das fadigas, comodistas como os seus canais dormentes e as torres pensativas dos velhos campanários. Eis que distingo um vulto conhecido...

Henri Numiers, a cavalo, envergando seu modesto uniforme de cavaleiro, atônito como, em geral, sucede aos provincianos, ao se verem pela primeira vez num ambiente estranho ao de sua aldeia, entrava em Bruges por uma tarde de outono, acompanhado de Romolo Del Ambrozzini e Arnold Numiers, um mês depois daquela dramática noite em que vimos o velho padre e Thom retirá-lo da taverna de mestre Félix para encaminhá-lo à própria residência. Nessa noite, ficara estabelecido entre os pais do jovem cavaleiro e os dois generosos amigos e conselheiros da família que, a bem do futuro do rapaz, deveria ele retirar-se da aldeia para experimentar a vida dos grandes centros urbanos, pois seu estado moral requeria distrações propícias ao esquecimento do drama que vivia com o abandono da esposa, a quem devotadamente amava.

Padre Romolo possuía em Bruges um grande amigo desde os tempos de mocidade, quando, no Oriente, desempenharam papéis humanitários, em missões especiais: Romolo como sacerdote, levando a palavra do amor e da fé aos sedentos de consolo e de justiça, e seu amigo como militar, levando a civilização entre indígenas necessitados de tudo, até mesmo dos princípios de higiene corporal. Esse grande amigo era francês de nascimento, espanhol de origem, era conde e chamava-se Olivier de Guzman. Humanitário, amigo do próximo, culto, dedicado aos assuntos filosóficos-religiosos possuía vastos conhecimentos também sobre Ciências Ocultas, e em sua permanência na Índia, durante longos anos, ampliou tanto os mesmos conhecimentos a respeito que chegou a ser considerado sábio entre os amigos e correligionários. E, sereno e ponderado, criterioso e serviçal era também enérgico e valente, pacificador dos nativos e de soldados rebelados, catequista hábil, que conseguia atrair para o Cristianismo almas imaturas, tornando-as úteis a si mesmas e à sociedade em que viviam. Desde então Romolo e Olivier nunca se perderam de vista. Visitavam-se quando era possível, correspondiam-se em correios especiais quando necessário.

Ora, Romolo sabia que, por aquela época, Olivier estadiava em Flandres, onde servia ao governo com o seu batalhão de mercenários disciplinados e valorosos. Escreveu ao amigo a respeito de Henri, depois de com este e seus pais conversar longamente. Olivier aquiesceu em receber o moço camponês em sua milícia, mormente sabendo-o valoroso nas armas. Autorizou o amigo a levar o pretendente a Bruges, pois, dentro em breve, partiria para a França, onde poria às ordens de Sua Majestade Luís XIV o seu exército bem armado e adestrado. Pensavam todos, pois, em que, alistando-se no batalhão de cavaleiros do qual o coronel Olivier de Guzman era o comandante, o futuro de Henri não só estaria garantido como também as viagens, tarefas e missões contribuiriam para a recuperação da sua tranquilidade e o reajustamento moral do desequilíbrio pela paixão advinda. Henri aquiescera compreensivo. O ambiente da aldeia tornara-se-lhe odioso desde que Berthe o abandonara. Perdera o interesse pelo trabalho, tornara-se irascível e neurastênico, incorrigível angústia alterara-lhe até mesmo o semblante dantes sereno, e a vergonha pela ofensa impune, que sofrera, o opróbrio se sabendo apontado e ridicularizado pelos habitantes das aldeias em derredor da sua, somente eram amenizados pelas libações do álcool que, dizia, o aturdia, fazendo-o esquecer dos fatos durante algumas horas, quando, embrutecido pela embriaguez, se atirava a qualquer canto para dormir. Em verdade, porém, Franz Schmidt, que se suicidara odiando-o, agora se vingava da afronta recebida três anos antes e encostara-se a ele, obsidiando-o, desejoso de levá-lo ao extremo.

Fazia três meses que Berthe e Louis haviam partido e nenhuma notícia chegara à Quinta Numiers do seu paradeiro. Naquela manhã em que vimos Henri desorientado e semilouco, procurando a esposa por todos os recantos da aldeia e suas imediações, Thom, aflito, se decidira a ajudá-lo. Tomara de um cavalo às pressas e, em galope desabrido, dirigiu-se ao Castelo de Stainesbourg, à procura de notícias. Soube, então, que Louis partira pela madrugada, precipitando a viagem, que estaria assentada para o dia seguinte, e que o fizera acompanhado de um pajem muito suspeito porque mal disfarçado em vestes masculinas, o qual, dizia, se decidira a partir em companhia do jovem barão a fim de tentar a vida em Paris, para onde o moço fidalgo resolvera seguir. Os criados do Castelo, porém, afirmaram que esse pajem outra pessoa não era senão a própria Berthe de Sourmeville-Numiers disfarçada e que nada haviam dito a Henri nas primeiras horas temendo violências imprevisíveis.

Entrementes, Marie descobrira um bilhete no próprio aposento do casal Numiers, assim redigido:

"Volto para os meus, a quem sempre amei. Nunca me habituaria a viver entre aldeões. Perdoa, Henri, perdoa, minha boa ama, perdoa, pai Arnold. Eu vos amo e vos agradeço. Mas não me seria possível ver partir para sempre o meu pobre Louis".

E Romolo, pela tarde, visitando o mesmo aposento e examinando os restos de cerveja ainda retidos no jarro, sorvidos após a ceia, constatara que a formosa Berthe contaminara a cerveja com drogas narcotizantes, a fim de adormecer o marido seguramente e sair sem maiores preocupações.

— Mas, senhor, nada deixou transparecer, mostrou-se amável e terna com Henri o dia todo! Louis resolveu partir de um momento para outro! Como pôde a menina atraiçoar-nos tanto? — lamentava Marie banhada em lágrimas.

— Estariam, então, previamente combinados, pois bem vês, pobre mãe, que até bagagens de roupas e economias a infeliz Berthe não esqueceu de levar...

O que, no entanto, todos ignoravam era que Berthe instara com o primo para aceitá-la em sua companhia, que ele relutara em praticar esse ato que seria uma infâmia, um crime sem perdão contra o seu colaço, e que fora ela, e não ele, que tudo planejara e se apresentara a ele, no Castelo, disposta a segui-lo de qualquer forma, mesmo sozinha. Louis amava-a. Fraquejou na resistência. Escondeu-a durante algumas horas em seus aposentos. Providenciou roupas masculinas para ela e, precipitando a viagem, partiu pela madrugada temendo consequências desastrosas. Esse ato infame, porém, custaria a ambos longo tempo de dissabores e, como Espíritos, nova existência de amarguras e decepções.

* * *

Era pela manhã, e o esquivo Sol de outono alumiava negligentemente o cimo dos campanários, onde uma neblina muito clara e transparente tomava resplendores de diamantes aos raios alourados da luz que se estendia lentamente, pelos espaços batidos pelos ventos que subiam dos canais.

Padre Romolo que, na véspera, chegando a Bruges, se dirigira a modesto hotel com os companheiros, agora tratava de indagar se seu velho amigo Olivier de Guzman estaria na cidade ou no seu velho solar do campo. Obtendo as necessárias informações no próprio quartel onde sediava a cavalaria do ilustre militar, o piedoso sacerdote partiu com o filho de Arnold para a residência do amigo, em cuja capacidade de auxílio depunha esperanças para socorrer seu querido discípulo. Dirigiram-se, pois, ambos para lá e com facilidade encontraram o Palácio Olivier, situado em rua central da velha e pacata capital flamenga.

Olivier de Guzman contava cerca de 60 anos, era forte e alto de estatura, e seu porte digno e grave infundia respeito a quem dele se aproximasse, a despeito da doçura estampada em seus olhos cinzentos e no sorriso bonachão com que sempre se predispunha a atender aqueles que dele se acercavam.

— O conde de Guzman é um nobre franco-espanhol e um verdadeiro fidalgo, pela bondade do coração e a retidão do caráter, meu caro Henri, e encontra-se à altura de transformar a tua situação até que te tornes verdadeiramente apaziguado contigo mesmo. Será necessário, porém, que tenhas boa vontade para atendê-lo e segui-lo, cooperando com ele a serviço de ti mesmo. Conheci-o na Índia, durante nossa mocidade, quando por ali andei em peregrinações a serviço de Jesus e ele em missão militar que degenerou em curso de Ciências Ocultas transcendentes e catequese religiosa junto aos nativos — dizia Romolo ao moço provinciano enquanto caminhavam demandando a residência do amigo. — Recomendar-te-ei ao seu cuidado e estou certo de que meu pedido será acatado por sua boa vontade sempre pronta a servir. Trata tu de te portares com dignidade junto dele, conquistando, por ti mesmo, sua estima e sua confiança.

Olivier recebeu o amigo com as mais desvanecedoras atenções, revelando-se o democrata de sempre. Entenderam-se plenamente a respeito de Henri, foi ele posto a par da situação moral do moço provinciano e resolvera-se que este, aldeão abastado, sabendo ler, escrever e contar perfeitamente, coisa rara na época, já armado cavaleiro pelo senhor do burgo onde residia e onde dera o serviço militar, compraria uma companhia de cavaleiros e receberia a patente de capitão para servir, no batalhão do próprio Olivier, ao Rei da França, que necessitava de soldados, e para onde se dirigiriam dentro de curto prazo. Henri comprou a companhia de cavaleiros indicada, envergou a farda de capitão e concordou em servir às ordens de Olivier de Guzman, com quem já simpatizara.

Era Luís de Narbonne reencarnado, voltando aos labores militares, como tão grato lhe fora na anterior existência.

Entrementes, padre Romolo e pai Arnold haviam regressado à aldeia de Stainesbourg e à Quinta Numiers, respectivamente, constrangidos ante a necessidade da separação daquele que tanto os preocupava, e o louro cavaleiro de Numiers reconheceu-se só na cidade estranha e triste, que se envolvia em brumas frias tão logo o Sol se punha atrás dos campanários.

Deveriam seguir para a França, mas a ordem de partida tardava e Henri se enervava, ansioso por partir. E a vida do novo capitão decorria monotonamente entre as ocupações do novo estado e a vida displicente dos homens de armas, que se dividiam entre o quartel e as tavernas, onde se excediam em companhias pouco recomendáveis. Comprimiam-lhe o coração cruciantes saudades da aldeia natal e as recordações do passado venturoso castigavam sua mente, apoucando-lhe o ânimo cada dia que se passava. E, pouco expansivo, não se unia aos companheiros para solidificar afeições que amenizariam a solidão em que se aprazia permanecer. Em vão Olivier de Guzman convidava-o ao serão da própria família, fiel às recomendações do amigo Del Ambrozzini. O moço aldeão, depois de comparecer algumas vezes, agradecido pelas demonstrações de apreço que recebia, furtava-se agora aos saraus e bailes para que era convidado, deslocado num ambiente ultraelegante no qual contemplava todos felizes, quando ele próprio trazia a mágoa de incuráveis decepções. Dava-se, porém, ao prazer de longas caminhadas pelas ruas de Bruges, sozinho, cabisbaixo e soturno, sem mesmo prestar atenção aos demais transeuntes, que lhe admiravam o belo porte de cavaleiro e a música das esporas das suas botas no lajedo do chão, quando pisava rude, em passadas ritmadas.

Em Stainesbourg correra a notícia de que Louis Fredérych se dirigira para a França. Por isso não contava encontrar Berthe em Bruges, não a procurava, não indagara por ela ou por Louis. Uma tarde, porém, seus passos o encaminharam para uma praça de aspecto nobre, rodeada de palácios e edifícios de grande beleza arquitetônica. Uma ponte de pedra com longos bancos incrustados em desvãos caprichosos dava acesso ao outro lado do aristocrático logradouro. Naquela hora da tarde, quase ao crepúsculo, a praça apresentava aspecto pacato e muito tranquilo. Fora para essa ponte que Henri se dirigira nessa tarde. Sentou-se maquinalmente num dos bancos e manteve-se pensativo, como sempre, ao passo que os raros transeuntes passavam de regresso a seus lares.

Subitamente, sons de harpa se fizeram ouvir próximo ao local onde ele se achava. Partiam de um palácio próximo e Henri, que admirava a música, voltou-se emocionado ao ouvir os primeiros acordes de uma canção que não lhe pareceu desconhecida. Uma voz suave de mulher elevou-se no ar e cantou. Cantou velha canção medieval, cheia de passagens apaixonadas, lembrando a castelã amorosa que perdera o seu guerreiro em certa batalha cruel.

O cavaleiro de Numiers sobressaltou-se:

— Céus! — bradou para si mesmo — esta voz é de Berthe! Ela aprendeu essa canção com o padre Thom, em sua infância, e a ensaiava muitas vezes, quando veio para Numiers... Mas então é preciso que te veja, Berthe! É preciso que te veja e te peça contas da infâmia que praticaste contra mim!

Ele vibrava e seu coração pulsava com tal violência que lhe intumescia a garganta e anuviava a vista. Quase inconscientemente dirigiu-se para o Palácio, disposto a entrar e devassá-lo de qualquer forma. Mas eis que cessara a formosa canção e o ímpeto que o acometera arrefeceu-se.

— Estou louco! — murmurou. — Não é possível. Berthe fugiu para a França, não se atreveria a residir em Bruges. Fugiu para a França, onde Louis possui parentes... essa canção ela cantava em outros tempos. Não pode ser ela, não é ela...

E voltou a sentar-se no banco disposto a esperar nova canção a fim de estudar melhor o tom daquela voz feminina que o comovera:

— Querida Berthe, que falta tu me fazes! Se te encontrasse, teria forças para matar-te ou perdoaria a tua falta para recomeçar a vida em teus braços? — falou consigo mesmo.

Mas a doce voz não voltou a cantar. Ele esperou, a noite caiu, o Palácio encheu-se de luz festiva, mas ele nada mais ouviu senão músicas de danças. Havia ali uma festa. Observou, no entanto, que um homem passava pela ponte. Abordou-o:

— Podeis informar-me, senhor, quem habita aquele palácio gótico, acolá?

Era um oficial que perguntava, um cavaleiro, fidalgo, certamente. O interpelado não titubeou e respondeu:

— Aquele palácio é a residência de inverno do intendente do senhor conde de Görs-Pracontal, barão Louis Fredérych de Stainesbourg. Há uma reunião hoje ali. Não vedes as carruagens dos convidados, que chegam?

Henri agradeceu e fugiu dali, as esporas ritmando sobre o lajedo das ruas, demandando o seu quartel:

— Ferdnand de Görs, conde de Pracontal! Era o protetor de Louis, o seu colaço de Stainesbourg. Sim, fora Berthe quem cantara! — murmurava, a mente em chamas, a si mesmo, enquanto caminhava.

2

Os esposos

Três dias depois dos últimos acontecimentos, a apreensão e a angústia de Henri ainda eram torturantes. Pela manhã do terceiro dia dirigira-se ele ao quartel, onde começou passando vistoria no vestuário e armamento dos seus soldados, pois era exigente e zeloso da boa apresentação dos mesmos. Depois do que se sentou e pôs-se a fazer notas e recomendações para o dia seguinte, escrevendo. Um pouco mais distante, dois cavaleiros, como ele, conversavam discretamente sobre assuntos do dia, mas não tão discretos que não permitissem a Henri ouvir o que diziam. Subitamente, um nome feriu-lhe a audição e o moço provinciano prestou atenção à conversa.

— Como sabes, Hans, que o rei da moda voltou a Bruges? Consta que, agora, se transferirá para a França. Deves saber, pois não és o cortesão favorito do senhor barão?

— Como ousas duvidar de mim? Louis de Stainesbourg voltou depois de uma temporada na Alemanha e em sua terra natal e ontem houve recepção no Palácio, para que a esposa fosse apresentada à nobreza. Estive no local até madrugada. Sabes que sou casado com a dama roupeira da baronesa. E por falar na senhora baronesa, já viste que linda mulher ela é? Parece um anjo foragido do Céu! Nunca vi beleza semelhante...

— Ouvi dizer isso mesmo; parece que é realmente linda. E ele aproveita-a como modelo para os seus quadros, pois é artista que fez sucesso por onde andou, o que aliás não é muito apreciável em um fidalgo...

— Ora, ele é pobre, necessita algo para viver, dizem que perdeu suas terras de Stainesbourg, estão hipotecadas e ele não pôde reavê-las...

No entanto, a conversa parou ali e Henri nada mais ouviu. Entretanto chamou o cavaleiro Hans à parte, convidou-o a beber com ele em um albergue próximo e, quando percebeu que o companheiro de armas alegrava-se um pouco mais, dirigiu-lhe a palavra:

— Com quem então és casado, cavaleiro Hans? Supunha-te solteiro...

— Ora, amigo, que se há de fazer quando não há guerras? Não se tendo o que fazer, casa-se! Por que não fazes o mesmo? Oh, se pilhasses uma mulher como a que possuo desaparecer-te-iam as neurastenias...

— Por quê? Pois não é meiga então a tua esposa?

— Meiga?! Ah! Ah! Ah! É um chacal, cavaleiro de Numiers, um chacal de unhas e dentes! Servidora de fidalgas, entende-se fidalga também e trata-me como a um lacaio, a mim, um cavaleiro do senhor de Guzman!

Henri tremia de emoção e se Hans se encontrasse em condições de observar teria visto que o amigo empalidecia e seus olhos chamejavam de ansiedade. Não obstante, falou:

— Eu sou da aldeia de Stainesbourg, conheci o barão em nossa infância, meu pai foi feudatário do barão, seu pai; minha mãe era, como tua mulher, roupeira da baronesa. Conheci também a senhora Berthe, atual baronesa de Stainesbourg. Mas há muitos anos não nos vemos. Louis e Berthe sempre foram amigos. Gostaria de revê-los agora, que sou capitão. Poderás arranjar-me um meio de penetrar no Palácio a fim de visitá-los?

— Por que não pedes uma audiência? Seria mais lógico. A baronesa é afável, como deves saber, e o barão é tido como a bondade e a gentileza personificadas... Dizem que saiu à mãe.

— Sim, saiu à mãe, que era muito boa, lembro-me dela. Mas eu queria fazer-lhes surpresa, visitá-los quando estivessem sozinhos, não em audiência. Lembra-te de que te disse que fomos criados juntos. O barão é meu colaço.

— É fácil o que desejas. Levar-te-ei lá.

— Pois, far-me-ás esse favor?

— Apresentar-te-ei à minha mulher e direi: "Aqui está um companheiro de infância do senhor Louis e da senhora Berthe, o qual deseja vê-los particularmente, pois também ele é de Stainesbourg." Tu és um guapo rapaz, minha mulher se enamorará de ti e arranjará tudo.

— Não esqueças de avisá-la de que é surpresa...

Despediram-se e cada um foi tratar dos próprios afazeres.

* * *

Saindo de Stainesbourg, Berthe e Louis aguardaram em Bruges os próprios esponsais. Fora falsa a notícia de que haviam partido para a Alemanha ou para a França. Louis não desejara unir-se ilegalmente à sua prima, pois, temera que a sociedade se negasse a aceitar sua união com a mesma, uma vez que um noivado oficial não fora anunciado, e, desejoso de continuar desfrutando a consideração geral, combinara com Berthe que se casariam em Bruges apesar de ser ela ligada a outro homem pelos laços do matrimônio. Ademais, segundo o critério da época, o casamento de Berthe e Henri poderia ser anulado, não era sequer válido. Berthe, reconhecida pelo pai por meio de um documento que lhe permitia usar o nome da família, era nobre, e Henri nada mais era do que um campônio armado cavaleiro. Para que tal casamento fosse válido seriam necessárias licenças especiais. Essas licenças não foram requeridas. Ao casar-se, Berthe era de menoridade, casara-se sem o consentimento do seu tutor, na ausência deste, o qual, por lei, seria o próprio Louis Fredérych de Stainesbourg, substituindo o pai por morte deste, pois o cargo seria hereditário, e tudo isso era razão bastante para se desfazer o laço matrimonial não válido por natureza. Era, em verdade, um crime, um sofisma com que desejavam acobertar outro crime.

Entretanto, nas suas horas de meditação Louis sentia-se sobressaltado. A consciência acusava-o do erro que praticava e ele, que agora possuía a mulher que amava, não era feliz como seria de esperar. Para desculpar-se, porém, e talvez com alguma razão, ele lamentava-se, dizendo a si próprio:

— Ó, meu pai, meu pai! Eu te pedia tanto que não me separasse de Berthe! Que fizeste de mim, separando-me dela na infância?

Ao chegarem a Bruges, Louis depositou a prima num convento de religiosas e, como ali mantinha as melhores relações de amizade, visto que era pintor e frequentemente reparava quadros e vitrais da catedral e do convento, fora bem recebido pela superiora ao apresentar a jovem, dizendo:

— Senhora, rogo que guardeis na casa do Senhor a minha prima, *mademoiselle* de Sourmeville. Vamos nos unir em matrimônio, trouxe-a da Província hoje, e como somos ambos órfãos o Senhor a hospedará até que se torne minha esposa.

— Nobre senhor — respondeu a religiosa com bondade —, confiai na serva de Deus. Vossa prima será tratada com a consideração que merece até que recebais a bênção nupcial.

Alguns dias depois celebrava-se a união sacrílega no próprio santuário do convento, aos sons do órgão e dos cânticos das monjas, que se conservaram ocultas. A nobreza de Bruges compareceu, surpresa com o inesperado acontecimento, e desejosa de conhecer a noiva de tão gentil fidalgo, cuja formosura era comentada nas rodas aristocráticas como a mais perfeita já vista ali.

Alinhados ao longo da nave da capela, os convidados viram passar os noivos demandando o altar. Berthe, no auge da ambição satisfeita, via, encantada, que damas e cavalheiros se curvavam à sua passagem e que, de todas as mulheres presentes, era ela a mais contemplada, porque a mais bela. Naquele instante, tudo desapareceu do seu pensamento, tudo que não fosse aquele mesmo instante. Ela nem mesmo se recordava de que na solidão de uma aldeia afastada um homem digno e generoso, um camponês, se debatia em torturas morais, ferido pela sua infidelidade.

Dentre os presentes à cerimônia, porém, um homem havia que, avistando Berthe, não só se deixou invadir por sincera admiração como também sentiu-se presa de insólita emoção. Era Ferdnand de Görs, conde de Pracontal, fidalgo de boa linhagem, coronel dos exércitos da Flandres. Ferdnand era o paraninfo da noiva, convite que Louis lhe fizera e que ele aceitara jubiloso. Ferdnand era amigo e protetor de Louis de Stainesbourg, como sabemos, e sua estima pelo moço artista fora sempre tão expressiva que levava este a pensar:

— O senhor de Pracontal substituiu meu pai junto de mim.

Com efeito, o ilustre coronel da Flandres favorecia-o tão eficazmente que todo o bem que agora Louis desfrutava devia-o a ele. Riquíssimo, possuidor de terras e propriedades custosas, que lhe rendiam uma fortuna, Ferdnand cercava-se de uma corte luxuosa e fizera de Louis o seu cortesão favorito, razão por que toda a Flandres tributava a este as maiores deferências. Considerando-o belo, elegante, distinto, o fidalgo fizera de Louis o rei da moda. Assim era que vestuários masculinos, cumprimentos de salão, vênias, modos de caminhar ou de sentar, músicas, canções, danças e até cerimônias de mesa eram lançados por Louis de Stainesbourg às exigências do seu protetor. Digamos, porém, em defesa do delicado filho da baronesa Claire que só a contragosto e por deferência àquele a quem tudo devia curvava-se ele a tais deveres. Entretanto, o senhor de Pracontal, que era espadachim dos mais temíveis, que jogava, brincando, todas as armas, invencível nos duelos e temido nas guerras, não era homem honrado e Louis o sabia. Libertino, leviano, dissimulado, ele tanto podia ser amigo hoje como inimigo amanhã. Solteiro, já de idade madura, cercava-se de odiosas companhias, não havendo conquistas amorosas que deixasse de tentar. Louis de Stainesbourg, pois, se tinha para com ele motivos de gratidão, também temia-o e aspirava a libertar-se do seu jugo.

Diante do altar, envergando sua requintada farda de gala, recamada de ouro e de insígnias, a mão esquerda segura nos copos da espada e a direita sustentando uma tocha acesa que, na Igreja, lhe haviam oferecido, Ferdnand de Görs viu aproximar-se Berthe de Sourmeville e Louis de Stainesbourg para se unirem em matrimônio. E depois da cerimônia, quando Louis lhe apresentava Berthe e ele, curvando-se para cumprimentá-la, sentiu que seu coração se acelerava e que sua mão tremia nos copos da espada, falou consigo mesmo:

— Que estranha mulher! Dir-se-ia que a conheço há séculos! Ela há de pertencer-me, ainda que eu tenha de incendiar Bruges!

Não obstante os festejos com que o amigo e protetor os homenageara, provando, assim, sua grande estima, Louis e Berthe desejaram passar algum tempo na França temendo represálias de Henri e seus amigos aldeões. Ferdnand aquiescera de bom grado e com o melhor sorriso respondera ao novo pedido de licença do seu colaborador:

— Ide, barão, viajai e fazei vossa esposa conhecer aquela linda França. Mas não vos esqueçais de, ao regressardes, trazer novas modas, novas peças para o nosso teatro, novos quadros e danças novas...

A notícia, pois, de que Louis e Berthe haviam emigrado para a França tivera um fundo de verdade, embora não completa, e chegara a Numiers por intermédio do Castelo de Stainesbourg e Henri o soubera. Eis por que jamais esperara encontrar a esposa em Bruges, porque concordara seguir para aquele país com os batalhões do senhor de Guzman e porque, agora, se emocionara tanto ao se inteirar de que a esposa se encontrava em Bruges e que lhe era possível vê-la e falar-lhe no dia seguinte.

* * *

Berthe de Sourmeville-Stainesbourg!

Altiva, formosa sempre, ei-la reclinada no seu canapé favorito, cismando e, de vez em quando, atenta a um papel que trazia entre as mãos.

Trajava de flanela branca, pois o inverno ameaçava chegar, e, negligente, por vezes cerrava as pálpebras, como se adormecesse. A um lado estava a pequena harpa, em que acabara de se acompanhar cantando uma canção cujos versos ali estavam, no papel que sustinha entre as mãos, compostos por Louis.

Pensava em Louis, que estava ausente desde a manhã, o qual acedera aos convites de Ferdnand e seguira com este e uma comitiva de amigos à caça aos gamos nas florestas de Pracontal. Pensava em Ferdnand, no qual admirava a força e o poder, mas a quem temia por lhe notar expressões equívocas no olhar. Receava que a caçada lhe acarretasse dissabores, porquanto Ferdnand, temível como adversário, dissimulado, intrigante, seria capaz de...

Mas não pôde terminar o raciocínio.

Lucienne, sua criada favorita, entrara no aposento depois de discreta advertência.

— Senhora — disse ela — uma mensagem de parte do senhor conde de Pracontal...

Berthe sentou-se num instante no canapé em que se reclinava e, ansiosa, exclamou:

— Oh, a esta hora! Quem sabe o que sucederia a Louis nessa maldita caçada! Dá-me, Lucienne, dá-me a carta!

— Senhora, o mensageiro não ma quis entregar. Tem ordem para só entregá-la pessoalmente.

— Pois mande-o entrar, mande-o entrar que já me aflijo.

— Ele está na antecâmara, senhora, e mostra-se muito agitado. Parece um louco... a custo pude contê-lo e convencê-lo de que era preciso prevenir-vos...

— Oh, maldição, uma desgraça sucedeu a Louis!

Levantou-se e ia caminhar em direção à porta, tencionando, ela mesma, ir ao encontro do mensageiro, mas estacou de súbito com um gesto de surpresa, enquanto, horrorizada, deu um passo para trás. Um grito escapou-lhe da boca e ela, com os olhos cravados na porta, exclamou:

— Henri Numiers!

Sim, Henri Numiers. Era ele que ali estava com todo o rigor da sua revolta e da dor do seu amor espezinhado, e que achara por bem aquele ardil por lhe ter parecido infalível, para ser recebido. Henri, que também se sentia interditado, paralisado no chão, sentindo nuvens lhe tontearem o cérebro e uma emoção inaudita paralisar-lhe a língua quando o seu desejo era insultar aquela mulher, bater-lhe, morder-lhe as carnes como um lobo a uma ovelha. Sim, Henri ali estava, diante da esposa, sentindo-se presa de um pesadelo.

Deixou cair o reposteiro que ele próprio levantara para passar e, quando Lucienne, intrigada, saía da sala para espionar da antecâmara, ele caminhou para Berthe e falou-lhe com ódio nas expressões:

— Finalmente encontro-te, desgraçada, e vais pagar-me agora o ultraje com que me feriste!

Tomou-lhe dos pulsos e apertou-os com força ao mesmo tempo que falava, pois a jovem, colhida de surpresa, ainda não voltara a si do espanto e, desorientada, não encontrava ação para responder nem forças com que se furtar à sua violência. No entanto, ele prosseguia, traindo a mágoa imensa que o torturava:

— Infame, covarde e perjura, onde está o teu amante? Quero matá-lo primeiro, à tua vista, e matar-te depois, como se mata uma miserável cadela!

Berthe irritou-se e aquele palavreado grosseiro, que ela nunca suportara na aldeia, chocou-lhe a delicadeza dos ouvidos já habituados ao fraseado polido dos salões. Ela era intrépida e nunca temera Henri. Refez-se do susto e, medindo o perigo que corria em presença daquele marido vingador, calculou que urgia agir com intrepidez e arriscar-se às suas iras para vencê-lo. Berthe não ignorava o império que sempre exercera sobre ele, desde a infância, e, com uma rapidez que respondia pela fertilidade da sua imaginação, deduziu das expressões do esposo:

"Ele ama-me. Um amor como o dele não se extingue jamais. Se não me amasse limitar-se-ia a esquecer-me. Arriscou-se a procurar-me sabendo-me protegida por fidalgos porque ainda me ama. Tiremos desse amor o melhor partido."

Rasgou o corpete do vestido num gesto teatral, pôs a descoberto o colo alvo e os ombros brancos como o leite e, arquejante de raiva, desafiou-o:

— Mata-me, Henri! Aqui me tens, indefesa e só, mas não covarde. Fere, desgraçado que não se envergonha de ameaçar uma mulher, sabendo-a só em sua casa!

Mas Henri não a matava.

— Berthe, ó, Berthe, ouve-me, por Deus, não quero matar-te, perdoa-me! Sofro como um desgraçado, não posso esquecer-te e isso desespera-me. Amo-te ainda, minha querida, amo-te sempre, tu és minha, pertences-me, não posso viver sem ti e te levarei daqui para que não me deixes enlouquecer de desespero. Tu me amas, eu sei, é impossível que não me ames, tão felizes fomos em Numiers. Algo aconteceu, contrário à tua vontade, para que procedesses assim!

Beijou-a com delírio, com a paixão de sempre. E então, penalizada, abraçou-o também, beijou-o com ternura e compaixão, acariciou-lhe os cabelos, sem poder raciocinar como se desvencilharia do pobre abandonado. Porque segui-lo, reatar o passado, viver novamente a seu lado, na obscuridade do seu nome plebeu, entre aldeões e pastores, na sua Quinta longínqua e triste... oh, não! Era impossível! Antes morrer!

3

A INTRIGANTE DO SÉCULO XVI

Pela madrugada Henri ainda se encontrava no Palácio Stainesbourg. Passara a noite com a esposa, não consentindo em deixá-la. Fora necessário a Berthe toda a sua arte de sedução para acalmar o marido e forçá-lo a entender-se com ela em termos normais. Henri encontrava-se na situação do homem que perde o senso da razão para tornar-se joguete das paixões que o perderão. Depois de haver entrado na residência da esposa valendo-se de um ardil fornecido pelo amigo Hans, que o achara infalível para o amigo ser recebido com surpresa, possuído das mais violentas intenções, o infeliz deixou-se vencer ainda uma vez por aquele amor inesquecível, que crepitava em sua alma desde séculos, e revelava-se o perfeito amoroso que ela sempre conhecera. Fora o bastante para que a traidora mulher se orientasse e começasse a tramar o enredo para perdê-lo e libertar-se dele. Resistir seria impossível, pois Henri mostrava-se disposto aos maiores desatinos. Então a formosa amante de Louis curvou-se às ternuras do apaixonado esposo, envolvendo-o nas malhas dos seus afagos tão gratos quanto fatais a ele próprio, tal como sucedera um século antes. E Henri, que julgava sonhar, descrendo da realidade que no momento desfrutava, tinha, no entanto, momentos de violência, cioso de vingar-se, grosseiro e insuportável. Pouco a pouco acalmou-se e conversaram, e ela, cheia de afagos, beijando-o amorosamente a cada instante, queixava-se:

— Sim, Henri, estou tão arrependida do que fiz, se tu me pudesses perdoar! Oh, eu não nasci para este fausto, bem vês! Foi uma alucinação do meu cérebro exaltado e tu deves perdoar, querido, pois, afinal, sou tua esposa! Louis despreza-me porque não sou bastante nobre. Todos me insultam, pois sabem que não sou sua esposa, e uma vida assim é intolerável, quando eu me habituara à tua grande bondade e à consideração de nossa aldeia! Que será de mim, Henri? É preferível morrer a continuar sofrendo o desprezo que me dão...

O esposo, porém, ouvia-a em silêncio, sem dar crédito ao palavreado que ouvia, mergulhado em meditações, retendo-a presa nos braços.

— Não pareces sofredora. Encontro-te bem instalada, rodeada de luxo, com excelente aparência. Por que mentes assim? Louis não poderia senão tratar-te com apreço e consideração. Esqueces que o conheço desde a infância?

— A princípio foi amável, mas agora, vês? Ele se diverte, é convidado para todas as partidas, mas jamais me permite acompanhá-lo. Não passo aqui de uma governanta...

Henri não pôde mais conter-se. Afastou-a de si, pegou-lhe dos ombros, mantendo-a afastada, e exclamou raivoso:

— Mentes, infame! Vives com a harpa na mão, a cantar, e ainda anteontem houve aqui um sarau em tua honra. Informei-me a teu respeito. Louis não só te ama como te cerca deste luxo que aqui presencio...

Uma risada interrompeu-o. Notou que Berthe parecia nervosa, ao retrucar:

— Este luxo? Ah, meu pobre Henri, não o devo ao meu magnânimo primo, mas à bondade do conde de Pracontal, que me considera, que se penaliza de minha sorte e não deseja ver-me sofrer privações porque seria desonroso para o seu intendente. Sim, Henri, Louis é um miserável, e só não me expulsa porque necessita de mim para modelo dos quadros que pinta.

— Disseste que o conde te considera. Certamente ele te ama?

— Creio que sim, e Louis sabe-o e fomenta essa atração, pois é o maior devedor do conde e será capaz de vender-me a ele para solver compromissos. Chega a convidá-lo para ver-me posar para os seus quadros...

— Não creio numa só palavra do que dizes. Mas investigarei. Se for verdade, Berthe, vingar-me-ei dele duplamente. Cheguei a pensar que o crime contra mim tivera a desculpa do amor que nutriu por ti desde a infância. Investigarei...

Berthe empalideceu de susto e estremeceu entre os braços do esposo, aterrorizada com as expressões ouvidas, e já arrependida da trama que começava a tecer a fim de se desvencilhar dele. Pôs-se então a chorar, abraçada ao marido, sucumbida e humilhada. Mas Henri parecia ainda duvidar, e, acariciando-lhe os louros anéis do cabelo, disse pausadamente:

— Sofro, minha Berthe! Eu preferia ter-te visto morrer a ser traído dessa forma. Não posso viver sem ti e, desejando-te como louco, não desejaria também viver mais contigo. Fizeste de mim um desgraçado. Hei de matar-me a mim mesmo, para me furtar ao suplício de amar-te e detestar-te ao mesmo tempo...

— Eu é que sou desgraçada, Henri, todos me desprezam, até tu! E dizer-se que eu tinha intenção de enviar Lucienne a Numiers para pedir o teu auxílio...

— Pois pensaste em mim para socorrer-te?

— Sim, meu Henri, em quem eu pensaria mais? Pensei que me amasses e perdoasses o erro de que tanto me arrependo...

— Pois não te amo então? Oh, sim, eu te perdoarei, eu te socorrerei! Vem comigo. Voltemos para Numiers. Não, não! Pedirei socorro ao coronel de Guzman. Iremos para a Itália, para a França, porei minha espada a serviço de algum nobre senhor italiano ou a serviço do Rei de França, como está projetado. Poderemos ser felizes ainda, teremos filhos, havemos de criá-los. Sim, eu te amo, eu te perdoo. Nada mais quero senão perdoar-te, minha Berthe!

Combinaram que ele falaria naquele mesmo dia ao senhor de Guzman pedindo o auxílio de uma escolta que os acompanhasse à Itália ou à França, e recomendações para um fidalgo de nomeada. Depois veriam o que fariam ainda. Não faltaria em Itália quem necessitasse dos serviços de um homem de armas do seu valor. Ambos possuíam recursos. Um portador iria a Numiers com uma carta narrando a pai Arnold o acontecimento e pedindo que enviassem recursos a Olivier para este, por sua vez, enviá-los a Henri, onde estivesse, após fixar-se em um endereço certo e enviar um mensageiro a Bruges com notícias detalhadas, pois deveriam partir imediatamente, aproveitando a ausência de Louis e de Ferdnand.

Tudo estando combinado, Henri parecia ter-se reanimado, partindo pela manhã a fim de se entender com Olivier. Este era generoso. Compreenderia a situação e auxiliaria o recomendado de seu velho amigo Del Ambrozzini.

Berthe dispôs-se a preparar a bagagem para a viagem. Não poderia deixar de carregar algumas roupas e as joias que possuía. Henri concordou e saiu, a fim de tomar as necessárias providências.

Eram oito horas da manhã.

4

HENRI É TRANSFORMADO EM FANTOCHE

A aflição de Berthe era grande. Inventara aquela trama contra Louis a fim de ganhar tempo para agir e captar a confiança do marido e agora temia as consequências. Assim, pois, mal Henri se afastara chamou Lucienne e ordenou que um criado de confiança viesse à sua presença. Nervosa e assustadiça disse à serva que se reconhecia desorientada:

— Prepara-te rapidamente e reúne algumas roupas minhas. Vamos já, agora, para o Castelo de Pracontal.

O criado chegou e ela ordenou:

— Pega os cavalos mais velozes de nossa cavalariça e prepara-os para uma viagem urgente. Vê dois homens armados, de confiança, para seguir-nos. E vá para casa com os outros. Tens uns dias de folga.

Em menos de meia hora estava tudo preparado. Ordenou que fechassem o Palácio e fossem para suas casas. Cumpriram a ordem e, antes que as janelas todas fossem aferrolhadas, ela montava a cavalo com Lucienne e saía pelos portões traseiros, acompanhada dos servos de confiança, e dentro em pouco pegava a estrada real que, mais além, cruzava com a estrada de Pracontal. Enquanto galopava, pensava, porém, desculpando-se:

— É irremediável, preciso ir até o fim. Tenho pena, porque Henri é meu marido, ama-me, é bom e generoso, merece ser amado e eu vou sacrificá-lo. Mas Louis é bom também, nosso amor data da infância, ele está só no mundo, não posso abandoná-lo.

Pela mente de Henri não passava a ideia de que pudesse ser novamente vítima de uma traição. Berthe era sua esposa, confessava-se arrependida do erro praticado, queria voltar para ele. Era quanto bastava. Tensão nervosa enlouquecedora, receio de um contratempo dominava-o, agravando poderosamente o seu estado moral. Preparara tudo a contento, só lhe faltando, ao anoitecer, buscar o tesouro pelo amor do qual tudo sacrificaria: a sua Berthe.

Resolveu então dirigir-se ao Palácio Stainesbourg e passar ali as últimas horas, à espera da madrugada a fim de partir com ela. Meteu-se numa bela farda de capitão, armou-se com a desenvoltura de um guerreiro, penteou-se com esmero, enluvou-se e, montando o seu corcel, partiu para a praça onde se situava o Palácio de Louis, falando consigo mesmo:

— Irei mais cedo a fim de auxiliá-la nos últimos preparativos. A escolta virá buscar-nos à meia-noite, com a carruagem para Berthe...

Entretanto, chegara ao destino.

O Palácio, completamente às escuras, tinha as portas fechadas. Impressionado, prevendo a terrível verdade, saltou as grades da frente, chegou à porta chapeada de metal, agitou a aldraba, chamou, esmurrou a porta com violência. Ninguém atendia. Deu a volta ao prédio, que era cercado, pelos lados, por uma amurada de pedras, observando se havia alguma janela aberta, ou luzes em algum sótão. Mas a escuridão era completa e o silêncio respondia que ninguém havia ali dentro, ou, se havia, ocultava-se dele. Desejou arrombar uma porta lateral. Era chapeada e resistiu. Então apareceu na escuridão um vigia, que lhe falou:

— É inútil, meu fidalgo, a senhora baronesa partiu esta manhã com os seus criados, e o barão desde anteontem também partiu.

— Como sabes disso?

— Sou o vigia do prédio. Vi-a partir.

— Sabes, porventura, para onde foi?

— Talvez para longe da cidade. Levou bagagens. O Palácio é certo que está deserto.

Henri compreendeu tudo. Compreendeu e desanimou. Fora uma ilusão, apenas, uma miragem, uma infâmia a mais, aquele arrependimento que, por entre lágrimas, ela confessara. Berthe nunca lhe parecera mais cruel, mais condenável do que naquele momento. Não mais conseguia raciocinar sobre ela, nem sobre a situação que vivia. Apenas uma certeza retumbava em seu cérebro a realidade brutal:

— Berthe enganara-o ainda uma vez. Não era amado, nunca fora amado por ela!

Haverá realidade que mais fira o coração humano?

Henri estava ferido, e agora só compreendia isso mesmo: que estava ferido e sofria.

Como viver agora? Até então havia um vislumbre de esperança. Talvez Louis Frédérych tivesse seduzido Berthe e ela, alucinada, o seguisse mesmo sem o desejar, como sua parenta que era. Mas aquele Palácio às escuras, irremediavelmente fechado para ele, revelava que ela não fora seduzida, que o desprezara mesmo, a ele, seu marido, e para sempre, e que o vislumbre de esperança devia apagar-se, como apagado estava aquele Palácio deserto.

O colaço de Louis voltou para o quartel. Suspendeu a escolta, já a postos para segui-lo. Fez desatrelar a carruagem. Deu ordens contrárias às que dera. Estava soturno, cabisbaixo, e pouco falava. Trocou a bela farda de capitão pela modesta indumentária de cavaleiro, que trouxera de Numiers, desenluvou-se. E tudo realizou soturnamente, lentamente. Nessa noite não foi para casa. Vagou a noite toda pelas ruas mortas da cidade, desanimado, silencioso, destemido.

Às nove horas da manhã procurou seu superior, Olivier de Guzman, e disse-lhe:

— Senhor, perdoai-me. Fica sem efeito tudo o que havíamos combinado ontem. Foi tudo ilusão. Minha mulher abandonou-me mesmo. Não quero mais a vida militar. Devo voltar para a minha aldeia. Sinto saudades de meus pais e de meus amigos.

Olivier compreendeu tudo, pois não acreditara nos protestos da baronesa, a ele confiados por Henri. Relanceou os olhos discretamente pelo rapaz. Estava pálido e abatido. Olivier, porém, fiel às recomendações de seu amigo Del Ambrozzini, tentou convencê-lo a partir com ele para a França, a viajar, a esquecer do passado com vistas ao futuro. Mas o cavaleiro foi inflexível:

— Não, meu coronel! Sou-lhe imensamente grato, mas não posso mais, não posso mais! Devo voltar para a minha aldeia, meus pais esperam-me.

— Coragem, meu caro Henri! Visitaremos teus pais, se assim o queres, mas voltaremos depois. É preciso que saias de Bruges, de Flandres, e não voltes a Stainesbourg. É preciso que esqueças Berthe e ames outra mulher capaz de oferecer-te felicidade, pois bem o mereces. Berthe não merece o teu amor. Em verdade, Henri, teu casamento facilmente será anulado. Perante as leis da nobreza não foi legal, foi falho... Ouve-me, não crês em Deus? Não tens fé em ti mesmo, no teu valor pessoal, no futuro, que poderá ser compensador? Procura Deus, Henri, pede-lhe lenitivo, e quem sabe o recurso que Ele te concederá? Diariamente recebemos graças divinas que nos socorrem, mas somos ingratos, jamais as reconhecemos. Olha, ser-te-ia fácil: minha filha Louise apaixonou-se por ti. Tenta amá-la e dar-ta-ei em casamento, pois confio em ti. Será a tua salvação, porque Louise é um anjo, conta 20 anos e far-te-á feliz...

Uma risada constrangida foi tudo quanto o infeliz encontrou para responder ao amigo que tão generosamente lhe estendia a mão, convidando-o ao raciocínio da fé e à humildade que gera o lenitivo:

— Não necessito inspirações desse Senhor oculto aos homens, meu caro conde. Sou senhor de minhas vontades e darei a direção que julgo correta ao estado a que chegou a minha vida. Não aceito esse Deus que cria fidalgos e plebeus e deixa os desgraçados, como eu, honestos e sinceros, serem vilipendiados pelos grandes.

Olivier não insistiu. Seria inútil. A ocasião não era favorável à conversão do ateu. A revolta dominava-lhe o coração. Olivier sorriu e perguntou:

— Aceita uma chávena de chá?

Henri aceitou e tomou chá com seu superior.

No dia imediato, ao romper da alva, Olivier de Guzman despedia-se da família dizendo:

— Voltarei dentro de alguns dias. Irei apenas visitar nosso bom amigo Del Ambrozzini a fim de dar-lhe contas de certa missão a mim confiada, a qual, infelizmente, não logrou bons êxitos.

— Refere-se, meu pai, ao cavaleiro de Numiers? — indagou Louise.

— Sim, ele retorna à aldeia, não deseja a vida militar.

Disse e saiu. Henri, que pernoitara em casa do amigo, esperava-o no pátio. Avistando-o, de Guzman exclamou:

— Eia, senhor de Numiers, a cavalo! Precisamos fazer hoje um bom trecho do caminho.

O marido de Berthe curvou-se diante das filhas do seu coronel, numa vênia de despedida, sem pronunciar sequer uma palavra. Ele sabia que a jovem Louise, primogênita de Olivier, interessava-se vivamente por ele e que várias vezes encontrara meios de demonstrar-lhe a sua simpatia. Comoveu-se com a atitude dolorosa da moça vendo-o partir, certamente para sempre, e falou consigo mesmo:

— É melhor assim. Eu não poderia torná-la feliz.

Dois dias depois chegavam à Quinta Numiers.

Impossível avaliar as impressões que acometeram o atormentado cavaleiro ao rever a aldeia natal. Durante a viagem, Olivier, que o vira atravessar impassível a praça onde residia Berthe, sem dirigir o olhar para o Palácio a fim de tentar revê-la, observara também que o rapaz se agitava gradualmente à proporção que se aproximava do lar paterno. O mais vivo alvoroço ouviu-se então naquela casa invariavelmente quieta e triste desde a partida de Berthe. Marie Numiers corre, surpreendida, ao encontro do filho:

— Henri! Henri! Pois és tu, meu filho! Oh, é um sonho, não pode ser verdade! — exclamava a pobre mulher abraçando-o, desfeita em lágrimas. — Mas como estás belo! E agora não me deixarás mais, voltaste para tua mãe, não é verdade? Ah! que falta tu me fazes, meu filho! Sem ti eu morreria aos poucos. Há quase um ano que te foste! Vês estes cabelos, como embranqueceram? Ora, abraça-me, vamos, beija-me... e não chores, meu filho, não chores, tem pena de tua mãe...

Estreitaram-se num longo abraço de criaturas sofredoras que se compreendiam, e Marie teve então para o filho desvelos que só uma mãe os saberia ter.

5

O ERRO SUPREMO

Nessa noite, a reunião de família, de que Romolo, Thom e Olivier participaram, estendeu-se até tarde. Henri pouco falara e recolheu-se cedo, sem explicar aos pais a razão por que deixara de seguir a vida militar. Fora Olivier que, confidencialmente, narrara aos pais do rapaz e aos amigos ali reunidos o dramático encontro com a esposa em Bruges e a decepção suprema que o vencera. Marie tudo ouvira por entre lágrimas, pai Arnold cheio de revoltas, Romolo e Antoine Thomas penalizados.

— Oh! algum dia hei de vingar meu filho! — repetia Arnold a cada momento. — Ele é um covarde, que se deixa morrer de paixão, sem coragem para beber o sangue da miserável que o traiu. Odeio-a, senhor conde de Guzman, odeio-a tanto hoje quanto amei-a outrora, embalando-a em meus braços como filha adorada. Pois bem, pela honra dos Numiers, eu juro que, no próprio inferno que a infame se esconda, lá mesmo irei buscá-la para beber-lhe o sangue maldito e vingar a desgraça desse filho que eu desprezo pela sua covardia.

Da janela, ao pé da qual sentava-se, Thom, gelado de susto pela pobre Berthe, murmurava consigo mesmo, pensando em que Olivier acabava de afirmar que Berthe era amada por Louis Fredérych e vivia ao abrigo da miséria:

— Ela está com saúde e se sente feliz. Obrigado, meu Deus! Tenho tantas preocupações pelo seu futuro! Que será dela amanhã? Bendito sejas, Louis de Stainesbourg, pelo amor que lhe votas, bendito sejas!

Depois, saindo da sala, ainda impressionado com as terríveis ameaças do velho aldeão, procurou Henri em seus aposentos disposto a confortá-lo, encontrando-o imerso em meditações.

Com seus modos discretos Thom procurava sondar o ânimo do ex-capitão de cavalaria dos batalhões de Olivier de Guzman, receoso pelo que ouvira este declarar a seu respeito, pois o mesmo acabara de afirmar que o moço Numiers encontrava-se numa dessas situações críticas em que o homem impulsivo não sabe o que quer e desespera. Não fora necessário muito esforço para Henri entrar em confidências com o filho adotivo de Romolo. Thom fora seu confidente desde a juventude e Henri, que guardava certa reserva com os próprios pais, em presença de Thom mostrava-se tal como existia no íntimo de si próprio. Narrou-lhe então seus dissabores nas grandes cidades que acabara de conhecer, dominado por aquele amargo sentimento de despeito que lhe trazia ódio, vergonha e saudade ao mesmo tempo, seus desalentos fora do meio plácido e sincero em que sempre vivera, como aldeão; suas consecutivas aventuras amorosas entre mulheres fáceis a quem insultava depois, enraivecido contra todas que o aceitavam, bruto que se fizera, afogando no vinho das tavernas e nas orgias o seu pesar de grande sofredor. Confessara que amava Berthe ainda e apesar de tudo, mas que, não obstante, a odiava também, e que sua incapacidade para vingar-se dela e de Louis e dominar aquele amor exasperava-o, sendo essa a causa do deplorável estado em que se encontrava.

— A vida, padre Thom — dizia ele ao amigo, que o ouvia pacientemente, sem ensejos para também falar, aconselhando-o —, a vida hoje é-me odiosa. Já não o é só porque já não possuo Berthe, mas porque a odeio e quisera vingar-me dela. Odeio-a, mas amo-a também e isso me confunde e enlouquece.

— Deponha aos pés de Deus a sua mágoa, Henri. Ele é a Justiça suprema que a saberá corrigir, mas, por quem és, não te vingues, pelo amor de Deus eu peço, ela é mais infeliz do que tu, porquanto voluntariamente se colocou em desacordo com a Lei de Deus.

— Oh, sabê-la feliz, colocada no mais alto plano da sociedade, rodeada de adoradores e riquezas, e desprezando-me, a mim, que daria a vida por ela, é a morte para mim. Não sei mais viver por causa disso. Ela, que foi minha, que partilhou da minha vida, a quem dei meu nome quando a vi desamparada pelos seus iguais, despreza-me como ao mais vil lacaio, fez de mim um ridículo fantoche. Como pôde ela fazer isso comigo? Oh, esquecer tudo isso, quem me dera! Estou desesperado, Thom! Já não sei o que sinto, o que quero, nem como poderei viver ainda. Quisera morrer e procurei a morte em frequentes rixas que provocava entre os companheiros de armas. Mas eu vencia todas as pelejas e conflitos e aqui estou. A vida se agarrou a mim qual tirana, mas eu a despedaçarei, Thom, e mostrarei qual dos dois será mais forte, se a minha vontade ou ela, que só existirá até quando eu quiser.

Falava trêmulo de raiva e emoção, os olhos chamejantes, a voz queixosa e dolorida. Por muito tempo Thom aconselhou-o, consolou-o, arrazoou com ele. E só se retirou de junto do amigo depois que o viu adormecido sob a injunção de uma droga calmante ministrada por padre Romolo.

No dia seguinte, ao despertar, entrando nos aposentos que pertenceram a ele próprio e à esposa, enfureceu-se vendo os objetos que a ambos pertenciam, destruindo todos e estendendo tal destruição aos dois leitos que continuavam paralelos e ao retrato que Louis pintara para ele um ano antes, no qual se via Berthe em trajes do campo, coroada de boninas.

E três longos dias assim se passaram, para maior martírio da pobre mãe, que não sabia o que fazer para alívio do generoso cavaleiro de coração frágil como o coração de uma criança.

* * *

Marie não se recolhera ainda aos seus aposentos, apesar do adiantado da hora. Nessa noite estava fortemente inquieta. Henri saíra ao crepúsculo a fim de passar com Olivier e padre Romolo as últimas horas, pois na manhã seguinte o nobre amigo deixaria o Presbitério, regressando a Bruges.

Havia quatro dias que Henri regressara e quatro dias havia que sua mãe não cessava de chorar. Enraivecido, pai Arnold atirava-se à mulher acusando-a de concorrer com tais lágrimas para maior desatino do rapaz:

— Deves reanimá-lo com incitações de criaturas de honra. Não vês que mais o desolas com tais choramingos? Anima-o a voltar a Bruges, a vingar as afrontas da fidalga desavergonhada, ainda que perca a vida nessa tentativa. Envergonho-me desse filho poltrão.

— Cala-te, homem, não vês que blasfemas? Quem nos diz que nosso rapaz viverá muito tempo? Não percebes como ele definha? Ah! que horríveis pressentimentos me anuviam o peito! É por isso que eu choro.

Todavia, pai Arnold era sistemático e não considerava o filho desde que ele voltara de Bruges, recusando-se mesmo a falar-lhe até o dia em que o pobre moço deliberasse mudar de vida.

Entrementes, os gansos anunciavam a primeira hora da manhã e Henri não voltara a Numiers. A pobre mãe estava insone, sentada na sua velha banca de madeira ao pé da lareira, que fora acesa apesar de se estar apenas no início do outono, e falava consigo mesma, de vez em quando:

— Deve estar a embebedar-se no albergue de mestre Félix. O senhor conde de Guzman declarou-me que está um ébrio incorrigível! Ó, meu pobre Henri, tu eras tão bom e honrado! Não tens compaixão de tua mãe, agora? E não te corriges por seu amor? Que te custaria, filho, voltar a ser bom, por amor à tua mãe? Pois não te dei eu o ser? Não te amo tanto? Não tenho chorado por ti? Padeces pela ingratidão de tua Berthe. Como, então, me fazes padecer a tua ingratidão? Mas onde terá ido ele? No Presbitério não é possível estar até agora. O senhor pároco recolhe-se cedo...

Mas as horas continuavam a passar e Henri continuava ausente. Os galos cantaram a primeira vez, cantaram outra vez, mais outra... e a mesma ausência a vergastar o coração da pobre mãe.

Nos pombais já arrulavam os casais de pombos e mais longe, nos estábulos, as ovelhas baliam desejando a liberdade, ao passo que pelos arvoredos próximos a passarada vivaz algazarrava saudando o dia que acabava de romper ao longe, entre as serranias banhadas pelo sereno da madrugada.

E, no entanto, Henri não voltara.

— Ó, Céus! — exclamou, de repente, a sofredora mãe, vendo que era dia e o filho continuava ausente. — Meu filho foi-se com o senhor de Guzman, fugiu de nós para a França! Ó, ingrato, que nem quis despedir-se de sua pobre mãe! Meu Deus, por que faria isso? Foi-se, partiu, e não teve ânimo para nos dizer adeus!

Pai Arnold levantou-se e dera com ela naquela exaltação.

— Henri partiu novamente, Arnold, fugiu de nós... Esperei-o a noite toda e não regressou da aldeia, onde fora despedir-se do senhor conde...

O marido olhou-a de soslaio e mal-humorado:

— Partiu? Partiu para onde, mulher demente?

— Para França, homem, para França, com o senhor conde de Guzman. Não viste o conde insistir para que partissem juntos? Ó, meu filho, que nem ao menos nos abraçou!

Caiu de novo em prantos e, ouvindo-a, a fronte do camponês enrugou-se:

— Henri não partiu, Marie.

— Como sabes?

— Não levou bagagens nem recursos... e, se partisse, seríamos avisados pelo conde. E nem o conde nem o senhor pároco seriam cúmplices de uma falta dessa...

— Mas, então, onde estará? Que será dele?

Arnold, porém, não respondeu. Saiu cabisbaixo, em direção de Stainesbourg, onde se localizava o Presbitério. Incapaz de se acalmar para iniciar as lides caseiras, mais aflita a cada instante, Marie Numiers seguiu os passos do marido, envolvida no seu manto de lã.

Amanhecera completamente, a luz resplandecia no horizonte.

* * *

Henri saíra, realmente, na tarde anterior, para despedir-se de seu amigo de Guzman. O mísero cavaleiro sofria com a separação que a si próprio impusera relativamente a Olivier. Louise não se lhe arredava do pensamento. Por que fora tão rude com a gentil menina? Quem sabe se, realmente, a sua felicidade estaria com ela, segundo a afirmativa de Olivier? Mas não tinha forças para esquecer Berthe nem se resignava ao que padecia por ela. Doía-lhe no íntimo o ter de abandonar aquele homem a quem só agora compreendia que se afeiçoara vivamente. Mas, dominado pela desorientação, impunha-se aquele sacrifício, respondendo às mágoas que lhe afligiam a alma:

— Sofrerei pouco. Cedo me libertarei do inferno em que estou vivendo. Creio mesmo que não o verei partir. Oh! eu preciso morrer, é fatal, é preciso morrer! Já devia ter morrido, mas desejei rever meus pais pela última vez. Seguir com o comandante? Não, não posso. Falta-me coragem para tudo, nada me satisfaz. Franz Schmidt envenenou-se. Sinto que a lembrança dele perturba-me, convidando-me a imitar seu gesto. Ele está comigo, vive a meu lado, não se arreda de meu pensamento. Também ele amava Berthe e morreu por ela. Mas eu fui culpado, ele amaldiçoou-me. Ainda hoje reli a carta que ele me deixou antes de matar-se. Sim, ele teve razão. Eu não devia tê-lo humilhado como fiz. Perdoa-me, amigo Franz, mas Berthe enlouquecia-me. Agora, porém, é tarde para arrepender-me, estamos ambos perdidos. Tal como tu, eu morrerei por Berthe...

Fora ao Presbitério e demorara-se pouco entre seus três devotados amigos: padre Romolo, Thom e Olivier de Guzman. Estes acharam-no triste, porém, mais calmo que nos dias anteriores, mas longe estiveram de suspeitar o inferno de pensamentos que devorava sua pobre alma. Olivier aconselhara-o, lamentando sua recusa em segui-lo para França. Mas Romolo interferiu, tentando estimular seu jovem amigo ao trabalho costumeiro:

— Não, meu caro Olivier, não lhe forces a vontade. Henri já não seria bom soldado. Os camponeses quando emigram para os grandes centros sofrem a nostalgia da solidão e muitos sucumbem sob a intensidade da vida urbana. Aliás, eu já me vou cansando e não poderei zelar tanto pelos interesses da sua Quinta, auxiliando seu pai, conforme o pedido que me fez ao partir para Bruges. Além disso, conto que será meu auxiliar nas empresas que tentarei em benefício da nossa população. Não é verdade, Henri?

Como se vê, o moço Numiers era rodeado de auxílio, de proteção, de consolo, de amor.

Mas, abstraído das falas dos amigos, Henri limitou-se a responder com um aceno.

Entretanto despedira-se, negando-se a tomar parte na ceia. Beijou, comovido, as mãos de padre Romolo e de Olivier de Guzman. Este, pesaroso, apertou-o contra o coração e Henri partiu sem se voltar. Encontrava-se inteiramente desanimado e, supondo-se vencido resolvera dar cabo de si próprio, julgando que com isso se libertaria das amarguras que o infelicitavam. Henri encontrava-se, ademais, sob a influência nociva do Espírito Franz Schmidt, que se suicidara e até agora não lhe perdoara a humilhação infligida em público, humilhação que resultara no suicídio do adversário vencido.

Retornando de Bruges, o desespero de Henri recrudescera de intensidade, não mais suportando a vista dos locais em que vivera feliz e cheio de esperanças. A lembrança de Franz não o abandonava, como a de Louise, como a de Olivier, e, acima de tudo, de Berthe. Mas não pensava em sua mãe, não pensava em seu pai. Era a sua obsessão recordar-se do incidente que o levara a castigar brutalmente o pobre Franz, cuja vergonha e desespero arrastaram-no ao erro supremo do suicídio. E assim, atormentado, fixara o pensamento na terrível ideia obsessiva: buscar a morte. A ideia de Deus não o consolou, não o reanimou. Henri era ímpio, embora possuísse um coração amoroso, e padre Romolo e Thom nunca haviam conseguido dele a crença e o respeito devido às Leis do Todo-Poderoso.

Caminhava lentamente, regressando do Presbitério, e tomara a direção das pedreiras que confinavam suas terras com a aldeia de Stainesbourg, começando a subir por elas. Ainda era dia, havia bastante luz para orientá-lo. Esse exercício fazia-o ele desde a juventude, tal como os demais jovens da aldeia. Cansara-se, porém, agora, durante a subida, em vista do mau estado dos próprios nervos, e sentou-se maquinalmente, para descansar. Um panorama extenso e belo, mas desolador para as suas impressões, com o Castelo ao fundo e sua Quinta à esquerda, ofereceu-se à sua vista, aprofundando sua angústia. Ali ficara longo tempo, até que a Lua cheia se elevara no horizonte. Seu cérebro estava vazio de pensamentos bons, obsidiado pela resolução infame que tomara. Nem uma prece agitara sua alma na tentativa de se resguardar da desgraça, nem um brado de socorro Àquele que, se ele o buscasse, poderia socorrê-lo. Ali estava Henri Numiers — o Luís de Narbonne reencarnado, que massacrara vidas preciosas em nome de Deus, que não poupara à sua espada, no século anterior, a desonra de com ela assassinar velhos e crianças — e ali estava apenas servido por obsessores que o não perdoavam ainda o desatino passado. Contudo, a imagem de Berthe desenhou-se, de chofre, em seu pensamento e, atrás dela, a série de desventuras por ele julgadas irremediáveis desde o dia em que o jovem de Stainesbourg chegara à sua casa. Sua mãe passou em seu pensamento, causando-lhe forte amargura. Mas egoísta e avaro sempre de ternuras para outrem que não fosse Berthe, sufocou no coração a ternura filial para dar-se à morte sem constrangimentos. Seu olhar então voltou-se para o vulto de sua casa que lá ficara, com suas duas torrezinhas graciosas e os seus sótãos sugestivos, rodeada de castanheiros e plantações. Uma pequena luz acabara de acender-se debilmente em uma janela e ele pensou, mau grado seu:

— Minha mãe deve estar tecendo meias...

Mas, de súbito, ele sacode aquela comoção e, num impulso louco, trágico, satânico, positivamente obsessor, atira-se pela pedreira abaixo numa queda inconcebível, rolando o seu pobre corpo — templo da sua alma — da montanha granítica que o quebrava, o despedaçava, aniquilando, no mais trágico suicídio de que ali houvera notícias, aquela preciosa vida que o Todo-Poderoso lhe concedera a fim de progredir, elevar-se moralmente, reabilitar-se dos massacres dos dias de São Bartolomeu, de sinistra memória.

Quarta Parte

Uma alma sem paz

1

O SUICIDA

O corpo de Henri Numiers ficou irreconhecível. Encontraram-no ao entardecer do dia seguinte, depois de buscas rigorosas pela região. A consternação fora das mais sinceras pelos arredores, e até os senhores do Castelo prestaram homenagens ao morto, visitando-o e oferecendo préstimos aos pais. Arnold desesperara-se até a demência diante do cadáver mutilado do filho, que ele mesmo encontrara, e Marie adoecera gravemente, incapaz de resistir à decepção da perda do seu infeliz rapaz, nunca mais se restabelecendo e morrendo um ano depois, vítima da dor de perder o filho naquele estado.

Era dama Blandina d'Alembert do século XVI, redimindo-se, pelo amor e pela dor, da cumplicidade do crime de Ruth Carolina contra Luís de Narbonne.[14]

Entre outras blasfêmias que proferia no auge do desespero, pai Arnold dizia, vendo sepultarem os despojos de Henri a poucos metros do local onde fora encontrado, ou já em casa, amparado pela solicitude dos amigos que o assistiam naquelas horas supremas:

---

[14] N.E.: Episódios narrados no romance *Nas voragens do pecado*.

— Ó, Berthe de Stainesbourg, Berthe de Sourmeville-Numiers! Não morrerei sem encontrar-te, assassina de meu filho! E o crime que cometeste nele, eu cometerei em ti, ainda que te vá buscar no palácio dos reis!

Deixemos, porém, a população das três aldeias unidas pela dor de perder o seu cavaleiro, deixemos padre Romolo a orar ocultamente pela alma do seu aluno mais rebelde, deixemos Thom inconsolável diante da desgraça presenciada a dizer consigo próprio: "A desgraça apenas começou", deixemos os pais do suicida enlouquecidos de dor e busquemos o ser real existente em Henri Numiers, aquele que é imortal, que resiste a todas as tragédias, até mesmo a desgraça de um suicídio, e vejamos o que aconteceu depois que seu corpo desapareceu sob uma porção de terra.

Henri Numiers não acreditava que houvesse uma alma imortal animando seu saudável corpo de homem. Para ele, existiam apenas os ossos, as carnes, os nervos, artérias carreando o sangue necessário à vida. Era materialista. Por isso matou-se, assim tentando fugir à situação moral que o incomodava. Uma vez morrendo o homem, acreditava ele, a alma, se existisse, se extinguiria também com ele. Pensamento, amor, inteligência, sentimento, ação, honra, desonra, ódios, amarguras, decepções, tudo o que constitui o ser moral humano cria ele que se aniquilava no túmulo juntamente com o corpo. Dos belos sermões filosóficos de Romolo e de Thom sobre os graves problemas do homem e sua alma imortal, feita à imagem e semelhança de Deus, Henri só guardava a lembrança da ansiedade com que esperava o fim para regressar a Numiers e rever Berthe. Contudo, o maior desapontamento o desgraçado moço colheu do seu ato de suicídio quando, ao primeiro amargor que a vida lhe apresentara, desejou furtar-se a ele, matando-se.

Caíra de todo a noite e em Numiers e suas imediações pairava completo silêncio. Havia alguns meses que Henri desaparecera do mundo terreno, mas a desolação era porventura maior tanto em Numiers como em Stainesbourg e Fontaine. Pai Arnold não mais trabalhava, desinteressando-se da prosperidade da Quinta, e Marie continuava enferma. Era inverno. Contudo, naquela noite, o luar irradiava, emprestando àquele recanto da velha Flandres certa doçura de ambiente.

Na aldeia de Numiers uns dormiam, outros velavam, alguns sofriam e choravam, e o silêncio presidia tudo.

De súbito, um grito agudo e forte repercutiu do vale do ribeiro estendendo-se pela aldeia. Na Quinta, que ficava próxima a esse vale, o grito fora também ouvido. Os cães uivaram tristemente, as ovelhas baliram dolorosas, no aprisco, cochicharam os galináceos assustados... e Marie e Arnold, que se achavam ainda despertos, entreolharam-se tomados de pavor e caíram em pranto. Haviam reconhecido naquele grito a voz do filho que morrera havia pouco.

Romolo, padre e médico, achava-se à cabeceira de Marie. Benzeu-se discretamente, dizendo consigo mesmo, comovido:

— É a alma alucinada do meu pobre Henri...

— Ouvistes, meu padre? — interpelou pai Arnold.

— Não, Arnold, nada ouvi. Que foi?

— Um grito de desespero, a voz do meu rapaz...

— É a tua impressão, meu pobre Arnold. Afasta da ideia esses pensamentos lúgubres...

— Marie também ouviu, meu padre, os cães uivaram, as ovelhas gemeram...

— Ora, Marie está enferma e a febre excita-lhe os nervos e a imaginação. Os cães ladram sempre, as ovelhas choram a cada instante...

Mas, no íntimo, dolorosamente, ele repetiu:

— Sim, é a alma alucinada do meu pobre Henri...

No andar térreo, sozinho, diante da lareira acesa Thom também ouvira, compreendera e pusera-se a orar com fervor.

Com efeito, Henri Numiers não morrera.

Supondo aniquilar-se para sempre, ao atirar-se da montanha, ele conseguira aniquilar apenas o corpo carnal. Seu espírito, com a tenebrosa queda, como que desmaiara, anulara-se como se tudo ao derredor dele se extinguisse. A violência do gênero de morte que escolhera traumatizara o seu corpo espiritual, despedaçando-lhe a harmonia das vibrações de tal forma que um século não bastaria para que elas retornassem ao ritmo normal necessário a um estado de vida satisfatório.

Passados que foram alguns dias, porém, Henri começou a voltar a si do longo desmaio, isto é, um estado de pesadelo angustioso sobreveio ao desmaio e ele começou a sentir a sensação da queda, as dores insuportáveis do seu corpo batendo nas pedras, partindo-se, esmagando-se. Estava cego, pois nada via, uma faixa negra e gelada envolvia-o, seus pensamentos eram um caos, não podia reunir as ideias, refletir, compreender o que se passava consigo, por que razão rolava, rolava da montanha, mas sem jamais atingir o solo. Somente podia refletir em que quisera morrer para fugir à tortura de viver sem a sua Berthe e que, para isso, saltara para o abismo num gesto pavoroso de completa loucura. Um pavor alucinante invadira sua mente e ele pusera-se a gritar, a gritar desesperadamente, pedindo socorro. Fora um desses gritos que as três aldeias testemunharam e que, daquela noite em diante, começara a repetir-se periodicamente, pelas imediações. Por vezes, envolvido por aquele pesadelo, sentia-se no fundo do vale ao mesmo tempo que rolava pela montanha, apavorava-se com a negra solidão que o rodeava, presenciava, sem saber como, o desespero de seus pais e as lágrimas dos amigos, chorava também desesperado, e contemplava, apesar de cego para as demais ocorrências, os próprios despojos sangrentos, mutilados, sepultados sob um montão de terra e pedras. Nada compreendia senão que continuava a sofrer o desprezo da mulher amada e as humilhações daí consequentes, sofrimentos que, agora, reunidos ao martírio da inconcebível queda que nunca chegava ao fim, dele fazia um Espírito enlouquecido no mais alto grau que a mente humana poderá conceber.

Tudo isso, porém, uma confusão atrocíssima para o desgraçado que a sofre, passava-se nele dificultosamente, com pequenos intervalos, pois, de vez em quando, ele perdia-se dentro de um caos, num penoso estado de colapso. E quando o infeliz esforçava compreender o que se passava, seus pensamentos, traumatizados, negavam-se a atendê-lo e desapareciam naquela negridão interior que o confundia. Mas isso era apenas os vislumbres do despertar, o momento dramático e solene da ocasião em que o Espírito, que abandona seu corpo carnal, valendo-se do suicídio, começa a se desenraizar dos liames magnéticos que o atavam à matéria. Esse desprendimento lento, doloroso, que poderia durar meses e anos, valeria a Henri períodos infernais, indescritíveis ao entendimento humano. Sua impressão era de que estava atado por um ímã poderoso a um objeto do qual, no entanto, precisava desprender-se. Esse objeto encontrava-se ao sopé da montanha da qual ele rolava sem jamais parar, na escuridão do vale. Eram os seus despojos sangrentos, que ele via, apesar de cego, no fundo de uma cova, visão satânica da qual quisera fugir, mas que se agarrara a ele com um poder dominador, incapaz de ser repelida. Sobrevinham, em seguida, terríveis convulsões, fazendo-o estorcer-se como se seus nervos, absolutamente traumatizados, sofressem choques elétricos ao despenhar-se ele da montanha. Era como se ataques epilépticos o atingissem avassalando sua mente, suas vibrações, todas as moléculas do seu ser espiritual, era a sensação da queda sofrida pelo perispírito, estado depressor que o acompanharia até a reencarnação futura e que somente o Evangelho, revigorador de vibrações, reeducando-lhe a mente, poderia reequilibrar. Nesse inconcebível estado traumático gritava de horror e procurava agarrar-se a qualquer coisa a fim de se deter na queda, e o desgraçado, apesar de tudo, por intermédio do pesadelo que o torturava, sente que continua sendo a personalidade Henri Numiers, que ele mesmo é que rola da montanha, que ele mesmo é que está estirado sob o montão de terra, apodrecido, corroído pelos vibriões, despojos de carnes sangrentas, negras, asquerosas, miseráveis, ele, que fora belo e forte, e que, a despeito disso, está vivo, sofredor e desgraçado, mas vivo, pensante, sensível.

Por vezes, sem saber como, vencido pelo cansaço e o desânimo, todos os atos de sua vida se lhe desenham no interior da consciência com uma minúcia de detalhes que o infeliz, já alucinado, converte-se em verdadeiro réprobo: seus modos de orgulhoso, sua indiferença pelos que o rodeiam em sua aldeia, o menosprezo a conselhos sensatos que recebia, a ingratidão para com os pais, sua arrogância de ateu, suas baixezas de ébrio e devasso, primeiro em Stainesbourg, ao perder Berthe, depois em Bruges; suas refregas com os moços da aldeia, todos marcados nas faces por sua faca, o suicídio de Franz Schmidt, a que dera causa, tudo o que constituíra o seu eu atuante na intimidade do lar e na sociedade agora desfilava diabolicamente em torno dele como cenas vivas que o enlouqueciam de mistura com as torturas que já o afligiam. Quer furtar-se à imposição do panorama de si mesmo, mas em vão. A visão do que ele próprio foi e de como se conduziu na vida ali está, à sua frente, dentro dele, quais faixas de fogo que lhe devorassem o ser na desaprovação própria a que chamam arrependimento, remorso!

Não podendo mais ou julgando-se exausto de tantas dores e sofrimentos, pensou em sua casa, saudoso do conforto desfrutado entre seus pais, da solidariedade de sua mãe, que ele tão mal soubera compreender e menos ainda agradecer. Num esforço supremo da própria vontade conseguiu locomover-se... e ei-lo à procura de socorro no lar paterno.

Penetra naquela casa que o viu nascer e lhe dera os dias mais felizes que vivera. Diante de sua mãe, a quem encontra enferma e alquebrada, exclama cheio de queixas, julgando-se ouvido e compreendido:

— Mãe, minha mãe! Tem compaixão de teu filho, que está ferido, enterrado vivo. Não, minha mãe, eu não estou morto, eu não morri, estou vivo, todos se enganaram a meu respeito. Olha em que estado me encontro: todo corroído por vermes, que me mordem e maltratam como lobos. Não posso sair de lá e sofro satanicamente, debaixo daquela terra pestilenta, que cheira a imundície. Não posso mais, tira-me de lá, tenho horror àquela caverna onde me prenderam, vejo fantasmas, que se riem do estado em que me encontro. Franz Schmidt está lá e culpa-me do que lhe aconteceu, tira-me de lá, minha mãe, eu estou vivo, estou vivo, estou vivo!

Mas Marie, que nada via nem ouvia do que ele lhe dizia, não respondia, continuando a chorar, como sempre.

A angústia do pobre suicida recrudescia então e ele saía desesperado, a procurar socorro noutra parte. Visitava o Presbitério, dirigia-se a padre Romolo e ao amigo Thom, suplicava auxílio, queixando-se sempre, e via que ambos o entendiam, mas, em vez de empunharem uma enxada e irem ao vale, a fim de desenterrá-lo, punham-se a orar banhados em lágrimas. E corria a aldeia rogando piedade e socorro a quantos encontrava. Ninguém lhe respondia, ninguém lhe dava atenção, mas alguns poucos se benziam e oravam.

Entretanto, começou a correr o boato de que a alma de Henri sofria suplícios e que fora vista e reconhecida por alguns antigos amigos, e que ele mostrava-se horrorosamente feio: as vestes despedaçadas, rasgadas pela queda, o rosto esfolado e ensanguentado, as pernas quebradas, mutilado, imagem perfeita daqueles destroços que haviam sido sepultados no vale.

Entrementes, o suicida não encontrava refrigério em parte alguma. Por toda parte onde tentasse o socorro alheio acompanhava-o as terríveis sensações que descrevemos. Por toda parte a sensação da queda que o alucinava. Por toda parte a sentir-se grilheta do próprio corpo que apodrecia no vale, a saudade da esposa, a humilhação do seu desprezo, o desespero de uma situação confusa, enigmática, atroz.

Henri Numiers trazia o inferno dentro de si.

Querendo furtar-se ao desgosto que, pela primeira vez, o visitara, matou-se para dormir o eterno sono do esquecimento. Mas não encontrou o sono depois do suicídio. Não encontrou esquecimento. Encontrou apenas o seu próprio ser sofrendo novas fases de angústias criadas por ele próprio.

Assim é o suicídio.

2

O BÁLSAMO CELESTE

Com as aparições de Henri aos seus amigos e aos camponeses, muitos dos trabalhadores de sua Quinta abandonaram o serviço, deixando as colheitas se perderem e o gado ao desamparo, e os mais medrosos até mudaram de terra. Outros asseveravam que próximo à montanha trágica viram vagando a sombra do filho de Arnold em uivos de dor, correndo por aquelas imediações como se, em vez de ter morrido, ele houvesse ficado louco furioso.

Em Numiers, já ninguém queria servir, e Arnold sofria com as notícias que corriam sobre seu infeliz filho, as quais rapidamente lhe chegavam aos ouvidos. Era-lhe impossível a tudo atender, pois já não conseguia bom ânimo para o trabalho, e a Quinta decaía a olhos vistos por falta de trabalhadores. Por sua vez, Henri, cuja situação espiritual não se modificara, um dia deixou de ver sua mãe na casa que o vira nascer. Procurou-a, ora irritado pelo seu mutismo, pois ela jamais respondia às suas súplicas, ora intrigado pela sua ausência. Chamou-a repetidas vezes, mas não fora ouvido, como sempre. Procurou-a pelas imediações, mas se decepcionou, constatando que não a encontrava em parte alguma.

— Onde teria ido aquela pobre mãe? — perguntava a si mesmo o atribulado suicida, já angustiado por aquele novo motivo de sofrimento. Marie, porém, morrera, mas seu infeliz filho não possuía condições espirituais para constatar a realidade do acontecimento.

Entrementes, pai Arnold dera-se à embriaguez, corroído pelo desgosto, e durante dias consecutivos abandonava a própria casa. O gado, completamente abandonado, morria à míngua de trato ou era furtado por forasteiros, ao passo que os aldeões, com quem Arnold mantivera transações, já se haviam apoderado de porções de terras e outros bens como pagamento de dívidas anteriormente feitas.

Henri tudo percebia na caligem do pesadelo que o envolvia, queria salvar a sua casa, resolver as dificuldades, refazer a Quinta, que se arruinava, convencer seu pai a voltar ao trabalho, mas não conseguia fixar as ideias para delinear um programa de ação salvadora, e, além do mais, ninguém o ouvia, ninguém lhe dava atenção, e aquela visão inconcebível a dominar todas as outras: continuava vendo-se duplo, ora sob o montão de terra, ora a vagar pedindo socorro, explicando a triste situação em que se via.

Um dia, porém, recordou-se de Romolo Del Ambrozzini, seu antigo conselheiro. Pensou em que esse antigo amigo poderia compreendê-lo e encaminhou-se para o Presbitério.

Era noite quando penetrou o santuário de beneficências que era a residência do velho religioso. Entrou de mansinho, cheio de respeito e timidez, mau grado seu.

Já enfermo, Romolo sentava-se numa poltrona e lia um trecho do Evangelho de Jesus Cristo, como diariamente fazia, à luz de um candelabro. Se Henri possuísse percepções normais, vê-lo-ia rodeado de uma auréola luminosa, emanações dos pensamentos superiores e puros, que brotavam da alma angélica do velho padre. Mas Henri era uma entidade obscura e brutal. Nada mais viu além do vulto corpóreo do amigo curvado sobre um livro, lendo-o.

Entrou então e queixou-se do que sofria.

Falou-lhe da queda no abismo, dos sofrimentos da situação que vivia, do horror de sentir-se sob um montão de terra atacado por vermes, de sentir-se duplo, confuso, desesperado. Pediu-lhe que o fosse desenterrar do vale, pois não mais aguentava a satânica situação. Ele, Romolo, a quem muitos consideravam santo, não poderia ser cúmplice de tal crime, pois ele, Henri, não estava morto, estava vivo, ali, à sua frente. E pede-lhe notícias de Berthe, a quem continuava amando e a quem pretende visitar assim se possa libertar da terrível prisão que o retém no fundo do vale.

Romolo continua lendo, sereno, os olhos baixos sobre o livro, enxugando as lágrimas que lhe desciam pelas faces, de vez em quando.

Todavia, pensando não ter sido compreendido, mais uma vez volta a expandir as amarguras que o torturam.

Subitamente, ele compreende que é visto e ouve o que o amigo lhe responde. Romolo fala-lhe como se o fitasse com aqueles olhos piedosos que tantas vezes haviam chorado por ele:

— Henri Numiers, meu pobre filho! Sei que estás aqui, junto de mim. Tu não morreste, apesar da queda da montanha. Apenas o teu corpo morreu e foi sepultado no fundo do vale. Mas tua alma é imortal e eterna, meu filho, eterna como o seu próprio Criador. Não mais pertences ao mundo dos homens, Henri Numiers, pertences, sim, ao mundo das almas. Pensa em Deus, roga a Ele o socorro que me acabas de pedir, e sua misericórdia cairá sobre ti, pois Deus, nosso Pai, não quer a desgraça do pecador, mas que ele viva e se arrependa. Pensa em Deus e ora comigo.

Romolo orou. O suicida, então, estacou emocionado. Enquanto ouvia a oração uma faixa luminosa desenhava-se à sua visão e ele assistia, estarrecido, à cena do seu desastre. Viu-se rolando da pedreira, esmagado e sepultado no fundo do vale, e viu-se ao mesmo tempo diante de Romolo, no Presbitério, ouvindo os conselhos do velho servo de Deus e a prece feita em sua intenção:

Senhor Deus! Tem piedade dos desgraçados que violam a tua lei procurando a morte como remate às suas dores. Socorre-os, Senhor, com a tua misericórdia. Aqui está Henri Numiers, que pensou morrer ao se atirar de uma montanha abaixo. Faze-o compreender, meu Deus, que ele jamais morrerá, pois foi criado por ti para viver em toda a eternidade, como essência que é de ti mesmo. Manda um mensageiro da tua caridade ampará-lo, meu Deus, e guiá-lo paternalmente, nesse imenso mundo das almas imortais, em que vive agora.

Um sentimento de terror apossou-se daquela pobre alma em confusões, ele estacou, ouvindo a prece. Um raio de esperança abalou-lhe o ser e ele raciocinou, já auxiliado pela caridade do Alto:

— Haverá, pois, um meio de sair dessa situação e viver melhor?

— Sim, há! — respondeu-lhe uma voz exterior.

— E que meio é esse? — indagou novamente, supondo dirigir-se a Romolo Del Ambrozzini.

— Esqueceste do teu grande amigo, Henri Numiers, aquele que ouve sempre e jamais despreza quem o procura, e remedeia toda e qualquer situação?

— Que amigo? — indagou intrigado, não compreendendo quem se dirigia a ele. — Romolo? Já o busquei... Olivier, porventura? Antoine Thomas?...

— Não, Henri, não são esses. É um amigo de quem nunca te lembraste, e o único que te salvará. É Deus, o Pai e Criador Todo-Poderoso.

Um choque violento sacudiu-o como se descarga elétrica o atingisse. O suicida deixou escapar um grito que não se poderia imaginar se de dor, de terror ou de surpresa. Recua para esconder-se em qualquer parte, apavorado sem saber por que ao ouvir esse nome, envergonhado de si mesmo, e ferido, nos refolhos do ser, pelos brados de tremenda acusação da própria consciência. Pela primeira vez sentiu o peso, toda a incomparável amplitude dessa palavra — Deus! Sentiu-se aterrorizado, desorientado, quisera ocultar-se de todos e de si mesmo, vagou, alucinado, por Numiers, por Stainesbourg e por Fontaine, sentindo novas sensações de dor moral, e vendo que não deparava amparo e consolo em parte alguma, voltou ao Presbitério, viu o velho amigo ainda orando em seu benefício e então, vencido, exausto das dores das provações, deixa-se cair de joelhos ao lado de Romolo e chora convulsivamente, enquanto ouve repercutir dentro de sua pobre alma, aliviando-a com vislumbres de esperanças, o pensamento benévolo do velho pastor de almas, que suplica:

— Senhor, consola e ilumina a alma do meu pobre amigo Henri Numiers!

Havia sete anos que Henri se suicidara.

3

HENRI COMPREENDE QUE FOI VINGADO PELA ORDEM NATURAL DAS COISAS

SABEIS O QUE É A PRECE?

É uma irradiação protetora que nasce do coração amoroso, sobe até Deus em súplicas veementes e desce em benefícios até ao ser por quem se pede, ou a quem se deseja proteger. É um frêmito de amor sublime que se expande, toca o Infinito, transfunde-se em bênçãos, ornamenta-se de virtudes celestes e derrama-se em eflúvios sobre aquele que sofre. A prece é o amor que beija o sofrimento e o consola, é a caridade que envolve o infortúnio e reanima o sofredor, retemperando-lhe as energias.

A prece de padre Romolo socorreu o Espírito atribulado Henri Numiers. O suicida, porém, sentia-se atordoado. Aquele nome — Deus — assim vibrado nas profundezas do seu ser abalara-o superlativamente. Dir-se-ia que se esboroara dentro dele algo que o enlouquecia e que, em seguida, a esperança o reanimava.

Sentiu que alguém o conduzia, carinhosamente, para compartimentos novos do Presbitério, que ele não conhecia, e o fazia repousar em leito acolhedor. Tudo percebia por um nevoeiro, adormentado, combalido e sem ação própria. Chorava sem cessar, e não podia deixar de chorar. E de súbito tudo silenciou e desapareceu de suas pobres percepções. É que, sob injunções de amigos espirituais caridosos, vindos para seu socorro, ele entrava em nova fase de sua existência espiritual. Henri era vencido pelo sono reparador que lhe daria, não a cura, mas alívio aos sofrimentos.

Em verdade, ele não percebera que saíra do Presbitério para asilar-se em certa ambiência imediata a este, nos arredores astrais de Stainesbourg, ambiência que seria a retratação do Presbitério, que lhe infundia confiança, e criada pela magnitude dos mensageiros do Cristo, que o socorriam. Como suicida ainda atado às atrações materiais, Henri não poderia ainda penetrar as regiões espirituais propriamente ditas. Também não poderia permanecer na Terra, onde seu martírio se agravaria a todos os momentos. Não fora tragado pelas ondas obsessoras graças a alguns méritos que possuía e às súplicas de Romolo, de Thom e de Marie, sua mãe, e por isso também não se via escravizado pelas terríveis falanges cujos redutos sinistros do Invisível prolongam de modo inconcebível o martírio das almas frágeis que se deixam escravizar. Não obstante, havia em torno dele influências obsessivas, como a presença de Franz Schmidt e ecos de antigos desafetos do século anterior. Fora então asilado, por piedade, nessa ambiência atmosférica da sua aldeia, em local seguro construído por amor, semelhante ao Presbitério.

Dormiu longo tempo. Despertou lentamente, como quem se vai revivendo de um ataque, de uma letargia. Angústia dolorosa desgostava-o, deprimindo-o. Essa angústia, terrível sentimento que invade o suicida, acompanhá-lo-ia durante todo o tempo de permanência no mundo invisível e se desdobraria até a existência futura, levando porventura um século ou mais tempo ainda para se dissipar dos meandros da sua consciência, qual o nevoeiro que a custo se dissipa ao frágil Sol do inverno. Sentia, ademais, o corpo dolorido e fraco, pesado e incapaz de movimentar-se.

Veio-lhe a ideia de que ficara paralítico. Estremecimentos nervosos agitavam-no de vez em quando, apavorando-o, pois, percebia que, se não reagisse, as terríveis sensações da queda no abismo o tragariam novamente.

Lembrou-se dos conselhos de Romolo e murmurou:

— Meu Deus e meu Pai, tende misericórdia de mim!

Todavia, o certo era que sobreviera grande alívio e agora Henri podia raciocinar. Raciocinou, portanto, embora com dificuldade e timidez. Recapitulou a própria vida, desde a infância. Berthe surgiu nessas recordações dominando-as completamente. Chorou dolorosamente, raciocinando que, por amor a ela, desejara morrer, atormentado pelo seu desprezo, e murmurou:

— No entanto não morri, meu Deus! Continuo vivendo, estou vivo, e penso, e sinto!

Pensando em Berthe, sem mesmo o desejar, viu-a à sua frente, levado pelas correntes mentais, naquela sala do Palácio de Bruges, que ele tão bem conhecia.

Um grito de pavor ouviu-se então na nobre residência, seguido de vozerio assustado e agitação. Berthe acabara de ver o fantasma do marido de pé, diante dela, e caía nos braços de Louis com um ataque de nervos.

Deixemos, porém, o Espírito Henri, desobedecendo às advertências dos seus amigos espirituais, vagar em torno de Berthe, expondo-se a prejuízos graves no plano terreno em vez de permanecer na ambiência amiga que cuidadosamente lhe proporcionaram, a fim de convalescer e meditar, e vejamos o que ele, invisível a todos, mas frequentemente visível a Berthe, presenciava perto da criatura amada.

* * *

Louis de Stainesbourg não era o homem que serviria a Berthe de Sourmeville. O próprio Henri, com seu amor arrebatado e violento, tão do caráter da época, teria realizado muito melhor as aspirações da desonesta criatura, se a sua condição de plebeu não a levasse a desprezá-lo.

Louis, com a sua grande delicadeza de espírito, dotado de sentimentos superiores, era inteiramente incompreendido por aquela que do mundo só aspirava aos gozos materiais, sem jamais se preocupar com a face ideal das coisas. Não que Berthe não amasse o seu companheiro de infância. Amava-o sim, sentia por ele um inexprimível e complexo afeto, que a levava a constranger-se em sua presença, tão superior o sentia a ela própria, tão alto era o conceito em que o tinha por suas nobres qualidades.

Percebendo que a esposa, muito sedutora, era cortejada por quantos fidalgos dela se aproximassem e desejando ser amado santamente, na paz de um lar, Louis desejara retirar-se para o campo, em qualquer solar onde vivesse sem os artifícios da sociedade, que já o enervavam. A jovem baronesa, porém, opôs-se lembrando-se com horror da solidão de Numiers, de que jamais sentira saudades. E Louis cedera, como outrora Henri cedia sempre.

Não obstante, o moço artista procurava infiltrar no ânimo da esposa o amor pelas coisas grandiosas do espírito, isto é, as Belas-Artes e as Belas-Letras, de que ele próprio era devotado cultor. Mas a moça, insensível a essa feição da existência, negou-se a colaborar com ele. Orgulhava-se, porém, de ser o modelo preferido para as telas do marido, que continuava cultivando a pintura. Limitava-se, portanto, a colaborar com ele como seu modelo, pois envaidecia-se da própria beleza, imortalizada em telas que, decerto, desafiariam o tempo. Dessa mútua diferença de ideais resultara então grande desequilíbrio na sua vida íntima, cujas consequências seriam imprevisíveis.

Ora, Louis de Stainesbourg, não obstante suas funções de primeiro intendente do conde Ferdnand, era obrigado, por sua arte, a passar temporadas no campo, pintando paisagens e motivos bucólicos, e também nos conventos e igrejas, onde renovava pinturas, criava outras tantas e conservava as antigas. Recolhia-se, de outras vezes, para escrever peças teatrais, organizar programações festivas, que, por essa época, apresentavam requintes de beleza. Era, portanto, um homem sobrecarregado de trabalho e responsabilidades, pois tratava-se de um fidalgo pobre que assim se conduzia a fim de se poder manter na sociedade em que vivia. Berthe, no entanto, enquanto o esposo assim se sacrificava, vivia rodeada de prazeres nas festas e reuniões de Ferdnand, o qual se tornara o seu par mais constante na ausência de Louis. O rico fidalgo, no entanto, apaixonara-se pela esposa do seu protegido e redobrara os favores que concedia a ambos, tentando conquistá-la definitivamente pela generosidade. A intenção do conde era tornar-se seu amante, pois, por essa época ingrata e ateísta a moral não era levada em conta e a posse de uma amante bela e altamente colocada era de uso, requinte da moda em sociedade. Todavia, Berthe não amava Ferdnand, aborrecia-o mesmo intimamente, embora lhe demonstrasse deferências, dado que Ferdnand era o pródigo mantenedor da vida principesca que ela própria levava, com a proteção concedida a Louis.

As esquivanças da bela mulher, porém, um dia cansaram o conde. Vendo que Berthe era fiel ao marido, que lhe confessara mesmo a este amar com sinceridade, Ferdnand, agastado, deliberou retirar a proteção a ambos tentando conquistá-la pela penúria. Assim sendo, um belo dia fingiu contrariedades contra Louis e despediu-o da sua intendência, retirou-lhe a proteção, tornou-se um estranho para o amigo de tantos anos, deliberadamente deixava de convidá-lo para suas festas e reuniões, esquecia-se de cumprimentá-lo se o encontrava em salões alheios. Ora, isso significava que Louis e Berthe e sua casa não mais viviam dos favores do rico fidalgo; que Louis deveria trabalhar porventura ainda mais a fim de ganhar a subsistência de sua casa; que nem mesmo suas peças teatrais eram compradas pelo conde ou por outra qualquer personalidade, pois todos deviam imitar o senhor mais poderoso do burgo; que ninguém mais convidava o belo casal para festas, reuniões e jantares, que nenhum fidalgo de Bruges e imediações os cumprimentava; que seus quadros não eram mais aceitos e os antigos amigos lhes viravam as costas. A situação, portanto, era humilhante, aflitiva, e a miséria batia às portas do Palácio Stainesbourg. Tentaram vender objetos de arte e quadros e joias, a fim de se alimentarem e pagarem os criados. A custo, porém, somente os comerciantes judeus aceitavam suas ofertas. Os cavalos foram vendidos a agricultores, e Berthe teve de dar-se a trabalhos caseiros ao lado de Lucienne, única serva que permanecera fiel a seu lado, assim como seu marido, Hans, que estimava Berthe pela sua beleza e por isso permanecera também fiel na desgraça como o fora nos dias faustosos.

Uma tarde chegara ao Palácio um servidor da casa de Görs. A própria baronesa abriu-lhe a porta, recebendo-o no saguão. Trazia uma carta endereçada a ela. Berthe, conservando as atitudes discretas da sua classe, retirou-se para a sala de estar e leu a carta, trêmula e intrigada:

"Senhora! Uma só palavra vossa e cairei submisso a vossos pés, e comigo a prosperidade e as atenções de toda Bruges. Vosso Ferdnand, conde."

Berthe leu e releu a carta. Compreendeu tudo. Ferdnand insistia em querê-la para sua amante. A carta solicitava resposta imediata. O portador esperava no saguão. Ela desceu, rasgou-a em presença do mesmo, enquanto disse emocionada:

— Dizei a vosso amo que o bilhete não tem resposta.

Passados alguns dias, Louis de Stainesbourg foi solicitado a fazer reparos na pintura da capela de um convento, nas imediações da cidade. Dirigiu-se para lá e a obra foi iniciada. Mas dir-se-ia que a adversidade lançava seus tentáculos sobre o casal de esposos, punindo-os do crime de traição ao generoso coração de Henri Numiers.

No quarto dia de trabalho Louis é acidentado, caindo de um andaime ao chão, fraturando costelas e uma perna e ficando desacordado. O enfermo foi transportado para sua residência de Bruges e outro artista o substituiu na importante obra, certamente não tão competente, porém, menos atingido pela adversidade. Então a penúria recrudesceu naquele lar que, realmente, não podia ser feliz, visto que fora construído sobre a desgraça de um outro coração. Com Louis, assim, gravemente doente, preso ao leito, com dois médicos a exigirem recursos para o tratamento, Berthe agitava-se à procura de algo que remediasse a penúria que sobre ela se abatera, sem nada conseguir de satisfatório para o tratamento daquele a quem mais amava agora, quando o via sofredor. Pegou das joias mais ricas que possuía e dirigiu-se a um joalheiro judeu, tentando empenhá-las. O comerciante, porém, não quis ou não pôde fazer a transação, alegando que um rico e conhecido fidalgo de Bruges visitara-o, ameaçando puni-lo se se atrevesse a comprar ou empenhar joias de alguém durante os próximos quinze dias.

A bela mulher retornou ao lar desfeita em lágrimas, e naquele dia houve de aceitar o concurso de Hans, que lhe supriria a cozinha a fim de alimentá-la e aliviar os sofrimentos de Louis.

Eis, porém, que, na manhã seguinte, o emissário do conde Ferdnand de Görs voltou a agitar a aldraba da porta do Palácio Stainesbourg. Berthe em pessoa vai recebê-lo. O criado entrega-lhe uma carta. É de Ferdnand. Como da primeira vez, a aristocrata mulher retira-se para a sua sala e lê:

"Senhora! Uma só palavra de vossos lábios e ainda hoje cairei aos vossos pés, pronto a tornar-me vosso escravo. Amo-vos, senhora, e sou vosso amigo. Ferdnand, conde."

Ela então pôs de lado essa carta terrível para uma alma que reencarnou com o compromisso de prestar testemunhos de grandeza moral às Leis do Eterno. Sentou-se à sua mesa de escrever e respondeu:

"Senhor, vencestes! Espero-vos ainda esta noite."

Desceu e entregou a carta ao mensageiro, com um sorriso amável naqueles lábios carminados.

No leito, Louis se estorcia em dores, cheio de febre, enquanto a alma perturbada de Henri Numiers a tudo assistia em aflições, pelo sofrimento daqueles que o haviam desgraçado.

4

Onde se vê que nem sempre se está só

Era inevitável a desgraça no solar de Louis de Stainesbourg e ele o sabia.

Toda felicidade edificada sobre a desdita alheia, sobre a desonestidade ou a injustiça deixa de ser felicidade para tornar-se fantasma ameaçador para, em oportuna ocasião, desferir o golpe fatal que ameaçava desde o primeiro ato errôneo que a traição criou. Essa fictícia felicidade é como os castelos construídos na areia, os quais o mar carrega em suas poderosas reivindicações. É comum os homens orgulhosos atribuírem à fatalidade e até a Deus as desditas que lhes sobrevêm no decorrer da existência. Mas o que é certo é que, se todos os que sofrem desgostos e dificuldades vasculhassem os próprios atos anteriores a respeito do próximo ou de si mesmos, encontrariam ali a causa das desditas que os ferem, sem necessidade de remontar às existências passadas para explicarem a atualidade que sofrem.

Berthe e Louis reencarnaram a fim de se redimirem do crime que contra Henri praticaram no século anterior. Deveriam amá-lo, ser fiéis ao princípio de fraternidade, que estabelece o perdão às ofensas recebidas, assim encerrando para sempre os tristes episódios vividos em França durante o massacre de protestantes promovidos pela rainha Catarina de Médici e seus apaniguados. Ao reencarnarem foram advertidos pelos tutelares espirituais de que permanecessem vigilantes, pois os testemunhos a darem seriam graves e arriscados, e se não se fizessem fortes poderiam sucumbir às tentações do meio ambiente terreno, visto que a sociedade dos homens é fértil em ocasiões propícias ao erro e até o crime. Que porfiassem por terem vida simples e recatada, voltada para Deus e o cumprimento do dever, porquanto se transgredissem novamente maior seria a responsabilidade que teriam e novos séculos de lutas precisariam enfrentar para resgatarem os erros acumulados. E foi justamente o que aconteceu: Berthe, Henri, Louis e Arnold deixaram-se levar pelos arrebatamentos das paixões, esquecendo não apenas os sábios conselhos dos amigos do Espaço, mas também os propósitos que trouxeram ao aceitarem os novos testemunhos da reencarnação.

Ora, recebendo a resposta de Berthe, Ferdnand de Görs exultou de alegria e, naquele mesmo dia, visitou Louis. Levou consigo seus próprios médicos e enfermeiros, recursos de toda espécie para tratamento do amigo. Entrou barulhentamente, afetando surpresa pelo estado do enfermo e desgostoso por não o haverem procurado antes:

— Eu não sabia do acontecimento que te feriu, meu caro barão, do contrário já teria vindo ver-te e ajudar-te. Bem sabes quanto sou afeiçoado a ti e quanto eu seria capaz de sofrer se alguma desgraça te acontecesse. Mas está tudo remediado: aqui estou com os meus médicos e a minha estima e brevemente quero ver-te são e salvo a fim de retomares a intendência de minhas casas. Estou louco de saudades tuas. Nenhum outro há como tu para me alegrar. Por que me abandonaste tanto? E para pintar conventos! Ah! Ah! Ah! Que horror, conventos! Havemos de promover uma festa brilhante pela tua reentrada em meus serviços. É bom que te prepares enquanto convalesces. E também quero uma exposição de quadros. Há muito não temos uma coisa assim em Bruges. A cidade anda triste. Havemos de alegrá-la. Disponha de mim, caro Stainesbourg, não passes necessidades, isso seria uma grande dor para mim, ver-te sofrer; quero-te muito e sempre fui teu amigo.

Louis agradeceu um tanto surpreso, não compreendendo o que se passava com o velho amigo. Este despediu-se deixando lá médicos, medicamentos, enfermeiros, ordens para adquirirem fosse o que fosse para a família. Nada esqueceu. Até mesmo novos criados e cavalos chegaram ao Palácio Stainesbourg. Aturdida, Berthe acompanhou o visitante até a escada que descia ao saguão. E quando ele curvou-se e lhe beijou a mão, despedindo-se, deixou com ela um bilhete minúsculo. A jovem baronesa recolheu-se ao seu quarto de dormir e leu:

"Louco de felicidade! Sou teu para sempre! Sou teu escravo, minha bem-amada. Espera-me à meia-noite."

A partir dessa noite Berthe de Sourmeville-Stainesbourg tornou-se a amante muito querida de Ferdnand de Görs. Nada mais faltou a sua casa. O amante era pródigo e Louis viu-se novamente considerado pela sociedade após a convalescença. A alegria irradiava das atitudes do rico fidalgo de Görs. Berthe, porém, constrangia-se e nunca mais vivera sossegada, temerosa do que pudesse advir daquela crítica situação. Berthe amava Louis e a ligação com o conde era-lhe penosa. Sentia-se desacreditada no conceito de si mesma, e arrependia-se da facilidade com que cedera aos desejos do seu protetor:

— Eu deveria ter voltado a Stainesbourg, pedir socorro a padre Romolo, recorrer ao meu Thom inesquecível, mas não me tornar a amante de alguém. Meu Deus, que pensará ele de mim, quando souber ao ponto que cheguei? Deveria ter-lhe escrito, Lucienne levaria a carta, ele viria até aqui... com Louis o caso foi diferente, foi um caso de amor, ele é meu primo. Mas e agora? É tarde para raciocinar...

Dois anos se passaram sem alteração. Ferdnand era discreto e Berthe ainda mais do que ele. As festas se repetiam para alegria dos cortesãos do conde. Louis Fredérych, curvado sobre o trabalho, não conseguia vagar para, como em outro tempo, permanecer ao lado da esposa. Vivia preocupado sob as responsabilidades que lhe cabiam e trabalhava até altas horas da noite. Definhava e em sua fronte as primeiras rugas apareciam. Sempre de sorriso nos lábios e frases elogiosas, Ferdnand tornava-se cada vez mais exigente, requerendo dele uma produção superior às suas possibilidades. Por isso mesmo, Berthe invariavelmente era acompanhada pelo conde em qualquer parte onde se apresentasse. A apreensão, porém, angustiava-a, pois temia o conde e temia Louis, aterrorizada diante da possibilidade de este descobrir a verdade. A sociedade, entretanto, começou a murmurar. As damas começaram a evitá-la discretamente e ela compreendeu-o. Ferdnand que, a princípio, se conduzira cautelosamente, agora parecia desejar que todos soubessem da sua ligação com a esposa do amigo e expunha-se em presença da sociedade. Atormentava-a, agora, com a exigência de que partisse com ele para a França ou a Holanda, abandonando Louis, para ali viverem o resto da vida:

— Não suporto esta situação, minha querida, vivo desesperado de ciúmes. Quero-te só para mim, que todos saibam que és minha e que sou feliz. Quero que vivas a meu lado à luz do sol, e não às escondidas, como vivemos...

Mas ela resistia, pois não o amava e cada dia o aborrecia mais, e a si mesmo indagava qual seria o fim daquela anormal situação.

No fim de dois anos, porém, grave acontecimento veio precipitar o desfecho daquele drama criado pela vontade mal orientada dos seus comparsas.

* * *

A obra-prima de Louis Fredérych, aquela em que ele havia posto o melhor do seu talento e as mais sentidas emoções do seu amor era o retrato de Berthe em tamanho natural. Ali ela aparecia em toda a pujança da sua invulgar beleza, parecendo movimentar-se para falar e descer da tela para o convívio dos mortais. Os olhos faiscavam e como que acompanhavam o observador para onde quer que este fosse, e os lábios pareciam úmidos, prontos para os beijos e as palavras de amor. Louis se imortalizaria com poucas telas como essa. E, no entanto, para produzi-la não lhe fora necessário nem lágrimas nem fadigas. Ele a pintara naturalmente, diante de Berthe que posava durante horas seguidas, vaidosa da própria beleza e do talento do artista, encorajando-o sempre com frases de afeto, que dilatavam de reconforto a alma do esposo. Tal é o poder do amor nas empresas nobres do homem.

Todavia, estava escrito que aquela obra-prima traria a desgraça para o jovem casal.

Ferdnand de Görs oferecera a seu amigo de Stainesbourg uma fortuna pelo retrato de Berthe. Cioso, porém, da sua obra-prima, enamorado dela como artista e amante, o jovem pintor rejeitara quantas ofertas lhe faziam pelo quadro, pois tratava-se do retrato de sua esposa. Para ele, aquela tela representava mais do que um retrato e mais do que uma recordação afetiva: era o conjunto dificilmente conseguido por um homem, conjunto da arte, da beleza, da graça, do amor encontrado numa só mulher, e Louis queria conservá-lo. Possuía outros quadros belíssimos, joias de valor incontestável: Madonas[15] pensativas, Vênus[16] abstratas, bacantes[17] sedutoras, virgens veneráveis, e todas traindo a graça inconfundível da esposa, que lhe servia de modelo. A esses Louis vendia aos bons admiradores do seu talento. Mas o retrato de Berthe não! Jamais o daria por dinheiro. Consideraria mesmo profanação uma tal mercancia. O seu amor, a sua fé, a mais legítima expressão do seu gênio postos à venda? Jamais, ainda que a miséria lhe atropelasse os dias!

Eram delicadezas que Ferdnand não compreendia e que rejeitava para insistir, cada vez mais desejoso de possuí-lo para a sua pinacoteca. Tal, porém,

---

[15] N.E.: Representações de Nossa Senhora em pintura ou escultura.
[16] N.E.: Deusa do amor.
[17] N.E.: Sacerdotisas do culto de Baco, deus do vinho, da ebriedade, dos excessos, especialmente sexuais, e da natureza.

fora a insistência do prepotente conde que Louis, que já estava aborrecido por suas intromissões em sua vida particular, perguntou-lhe um dia, estranhando tanta insistência em possuir uma prenda que só ao próprio Louis interessava:

— Senhor conde, ouso perguntar-vos a causa do vosso tão ardente desejo de possuir este retrato...

Ferdnand gargalhou com displicência e respondeu:

— Boa pergunta, meu caro donzel! Pois ignoras, porventura, que se trata de uma perfeita obra de arte, e que eu sou o mais ardente admirador da baronesa? Sim, sou o seu mais ardente admirador e...

— E...

— Quisera possuir o seu retrato, eis tudo!

Louis chocou-se. Ele, que conhecia Ferdnand intimamente, compreendeu que, sob aquela confissão e aquele gargalhar, o fidalgo encobria inconfessáveis intenções. Seu coração sobressaltou-se. Entreviu, por uma espécie de intuição, o que o esperaria se, com efeito, o conde pusesse os olhos sobre Berthe. Pensou em Berthe, sempre encantadora, acompanhada pelo conde em sua ausência. Esta encontrava-se presente ao colóquio e perturbou-se, tornando-se escarlate. Louis notara-o e seus olhos, indo do conde para Berthe, voltaram depois para aquele, num primeiro sintoma de dúvida. Entretanto, respondeu novamente ao amigo:

— Impossível satisfazer-vos, senhor, não me desfarei deste quadro por nenhum ouro deste mundo.

Porém, Ferdnand ria-se e, cumprimentando para retirar-se, retrucou:

— Pouco importa, barão. De nós dois, fui eu quem melhor soube escolher.

O cavaleiro de Numiers

Desse dia em diante Louis pôs-se a observar e suas suspeitas de que era atraiçoado pela esposa cresceram. Pusera-a em confissão, pronto a conceder-lhe liberdade se ela o desejasse, mas Berthe tudo negara desfeita em prantos, prosternada a seus pés. Empolgado pelo trabalho, o moço artista só muito tarde compreendera que se encontrava em melindrosa situação perante a sociedade, pois descobrira, finalmente, que a reputação da esposa estava largamente comprometida e urgia uma reação. Pensara em provocar Ferdnand para um duelo. No entanto, um duelo com Ferdnand, espadachim de renome, seria um suicídio. Deliberara então sair de Bruges, partir para a França ou a Itália, e ver se a tempo salvaria Berthe de um destino caliginoso. Grande tormento lhe rasgava o coração, provocando-lhe a mais o remorso pela traição que ele próprio, havia cerca de dez anos, infligira a seu colaço de Numiers. E, sentado à sua mesa de trabalho, só, em seu aposento, Louis pensava:

— Sim, meu Deus, é o castigo! Sinto hoje a consequência da falta que sempre me pesou na consciência. É justo, Senhor! A mesma pessoa que foi minha cúmplice, por quem eu daria a vida, é o instrumento para o meu castigo. Tua justiça é infalível, meu Deus, respeito-a e curvo-me a ela. Dá-me, porém, forças para me manter sereno, a fim de não me desesperar. Senhor, perdoa-me o crime contra Henri Numiers!

Louis, porém, deliberara partir de Bruges com presteza. Mas seria necessário pôr em ordem os próprios negócios, vender mobiliário, objetos de arte, quadros, reunir quantia que o ajudasse a se manter nos primeiros tempos. Tentara separar-se da esposa. Mas Berthe não concordara com esse recurso e declarara que o acompanharia de qualquer forma, pois amava-o. As relações entre o casal haviam-se alterado, não obstante os esforços da bela mulher para estreitá-las como dantes. Já Louis se despedira dos serviços do conde e preparava-se para deixar Bruges. Este, irritado com a perspectiva de perder a amante, tornara-se agressivo, disposto a provocar todas as consequências. Louis, porém, decidira expor os quadros que ainda possuía num salão de arte em seu próprio Palácio, desejando assim despedir-se da sociedade que tanto lhe admirara o talento e recolher uma quantia a mais para se estabelecer em França.

Ferdnand de Görs-Pracontal, um dos maiores admiradores da pintura em Flandres, comparecera seguido da sua corte de amigos, como era de esperar. Encontrava-se, portanto, reunida ali toda a seleta sociedade de Bruges, empolgada pela perfeição das telas que o artista expunha. Felicitações lhe eram dirigidas, elogios se acumulavam, lamentando todos que tão admirável pessoa tencionasse deixar a Flandres, e uma a uma as telas eram adquiridas pelos visitantes. O retrato de Berthe lá estava, em local de honra, ornamento indispensável à beleza do salão, mas não à venda. Subitamente, as pessoas presentes emudeceram, virando-se umas para as outras, em atitudes de surpresa. Louis notara-o e, perspicaz, compreendeu que se escandalizavam por palavras que o conde de Pracontal proferia diante do retrato de Berthe. Emocionado, mau grado seu, dirigiu-se ao local indicado, entrevendo consequências desagradáveis pela atitude de galhofa com que o conde se dirigia às pessoas que o rodeavam. Ferdnand, diante daquela obra, intrigava-o, e, zeloso do próprio trabalho, aproximou-se e interrogou:

— Descobristes algum defeito nesta tela, senhor conde? Quer ter a bondade de apontar o que não é do vosso agrado nela?

— Pois não, nobre artista! — e curvou-se exageradamente, diante do barão. — Eu dizia que, ao contrário do que supondes, pusestes um feliz símbolo neste quadro, escrevendo nele um formosíssimo madrigal: "Minha luz e meu Sol, minha Berthe. Para ela o meu amor e a minha arte. Diante dela, reverente, o meu coração e o meu espírito".

— Vós conhecíeis esses pensamentos, senhor, estão aí desde que terminei o quadro. Admiro-me de que só agora reparásseis neles...

— Sim, mas só agora descobri um detalhe, nobre artista, o qual mostrava a estes senhores... E é que a luz que emana da senhora aqui retratada é tão ofuscante que deixa a sua órbita natural para alumiar esferas diferentes...

Todos haviam compreendido a alusão do conde, Louis inclusive. O insulto fora chocante demais para que ele deixasse de reagir. Tornou-se pálido como um círio e corou depois, esforçando-se por serenar. Houve na sala murmúrios abafados, semelhantes ao sussurrar de moscas em debandada. Berthe ocultou-se entre os reposteiros de uma ogiva, aterrorizada.

Ferdnand sorriu ao lançar o insulto e voltou-se, para continuar contemplando o quadro, assestando, provocantemente, a sua luneta de ouro, na qual esmeraldas faiscavam. Indignado, Louis, que não conseguia dominar-se, sentiu ferver o sangue nas artérias e, sem que os circunstantes tivessem ainda tempo de voltar a si do espanto pela audácia do conde, que a todos os presentes desrespeitara, Louis exclamou ferido e intrépido diante da ofensa:

— Sois um miserável, conde de Pracontal!

E, digno e altivo, arranca da cinta a luva que trazia e atira-a ao rosto de Ferdnand.

A luva cai aos pés do dissoluto fidalgo. Ferdnand apanha-a e exclama, a voz trêmula de rancor:

— Poderia matar-vos aqui, como se mata a uma mosca, Louis de Stainesbourg, em resposta às insultuosas palavras que acabais de dirigir à minha honra de fidalgo, mas...

— Matai-me, senhor, que vos impede? Todos sabem que esse é o vosso hábito...

No cúmulo da raiva Ferdnand dá um passo para o adversário e sua espada já se acha a meio, fora da bainha. Mas contém-se a tempo e apenas responde com uma vênia:

— Jamais rejeitei um desafio, barão de Stainesbourg. Minhas vitórias em duelos são incontáveis. Não temo a esgrima, jamais temi as guerras. Aceito o duelo que me propondes, e ele será de morte! Amanhã, às oito horas, nos encontraremos atrás dos muros de Saint-Nicolas. Podeis escolher as armas. Todas me são familiares.

Deu as costas aos circunstantes e saiu, seguido pelo olhar receoso de todos eles.

Dentro em pouco o salão esvaziou-se. Berthe chegou-se a Louis, tentando suavizar a situação, que era alarmante. Ele repeliu-a com desprezo:

— Afasta-te de mim, infame! Não me insultes com a tua presença!

E Louis ficou só, caído sobre uma poltrona, desanimado.

Morria a tarde em radiações de reflexos sanguíneos, de verão. No aposento as Vênus, as Madonas, as virgens, as bacantes pareciam reviver e palpitar ao clarão avermelhado do sol que se punha atrás dos campanários. Subitamente ele se levanta, toma de um instrumento que encontrou à mão, dirige-se ao retrato de Berthe e rasga-o sem piedade, inutilizando-o para sempre. E, pensando no duelo que o espera na manhã seguinte, envolvido pela atmosfera rubra do sol nos reposteiros vermelhos, Louis cai em pranto doloroso e de repente tem a impressão de que tudo se transforma em sangue e que ele próprio se achava mergulhado em sangue. Sentia-se só, inconsolável, abandonado. Mas, em verdade, não estava só.

No aposento havia um outro ser: era a alma torturada de seu irmão colaço, Henri Numiers, que a tudo assistira e que, cheio de angústias ia e vinha pelo salão lamentando o infortúnio que atingira o seu caro companheiro de infância.

5

A Pérola de Bruges

Desde a véspera, Berthe entregava-se a crises de súplicas e choro diante de seu infortunado esposo. Em vão, rogara a Louis que pedisse um adiamento para o encontro, a fim de se preparar melhor para a peleja. Procurava explicar-se, rogava-lhe perdão, chegara mesmo a confessar que se deixara seduzir por Ferdnand para salvá-lo a ele, Louis, de uma morte certa, pois ele estava enfermo, sem recursos para tratar-se, sem um amigo que o socorresse, mas agora queria o seu perdão, queria novamente o seu amor.

— Seria preferível que me deixasses morrer de miséria, Berthe de Sourmeville, a salvar-me por esse vergonhoso preço. É bom que eu morra, porque depois dessa confissão não me sinto mais animado a viver: a vergonha fustigaria meus passos.

— Foi por muito amar-te que errei, Louis, não me foi possível ver-te naquele estado e cruzar os braços...

— A traição e o perjúrio estão na massa do teu sangue. Fizeste o mesmo com os Numiers, pois, se não tivesses insistido tanto para acompanhar-me, eu teria partido só, de Stainesbourg.

— Perdoa tudo, Louis, não suporto a dor de me ver assim acusada por ti. Errei. Mas meus erros foram por te amar muito.

— É tarde para arrepender-se, minha pobre amiga. Eu não te odeio, lamento-te. Tua aflição é falsa, não tens coração, nunca o tiveste, feres a todos aqueles que te amam. E agora vai-te, deixa-me serenar, preciso de calma para o encontro de amanhã. Preciso pôr papéis em ordem, recomendar minha alma a Deus...

— Mas isso é um suicídio, Louis, queres então matar-te? Fujamos, ainda está em tempo!

— Suicídio ou não, é inevitável o encontro. Ficarei. Morrerei. Pouco importa o resto.

Ela saiu em lágrimas, amparada por Lucienne, que a tudo assistira, e ele pôs-se a rasgar papéis e distribuir com amigos e auxiliares os valores que possuía, excluindo-a nesse simulacro de testamento. Como em sonho, ali, debruçado sobre a secretária que pertencera a seu pai, reviveu, nas telas do pensamento, toda aquela sua vida, que um duelo estúpido ameaçava destruir. Reviu-se pequenino, no regaço de sua mãe, em Stainesbourg, onde os campos eram floridos e os camponeses dedicados. Reviu o vulto austero do pai, que tanto o amara e se sacrificara por ele, reviu Berthe pequenina, que tantas vezes ele trouxera nos braços, pelas alamedas de tílias do antigo parque de Stainesbourg. E depois sua vida de moço, as lutas e desilusões, ai dele! o retorno a Stainesbourg, que o desgraçara, desgraçando primeiro Henri, sua arrebatadora paixão pela prima, seu crime contra os Numiers, que nunca deixara de lhe acusar a consciência, seus sacrifícios, seus desgostos, oh! sua vida fora bem um livro de dores e sofrimentos! E agora, coroando tão duras pelejas Ferdnand, que lhe seduzira Berthe, desgraçando-o também. Era um momento horrível, aquele em que, diante do túmulo, repentinamente lhe surgiam as recordações, os deméritos que fustigavam sua consciência. Oh, instante solene e formidável esse, em que se lê no arquivo das lembranças a página de passados feitos, extraindo do nosso ser suores de agonia!

Feliz de quem, nesse instante augusto de agonia, pode sorrir à página das próprias recordações!

Desgraçado daquele que chora sobre ela.

Louis chorou copiosamente.

* * *

Somente ao amanhecer Louis se retirara do gabinete de estudo, onde passara a noite. Não tornara a ver Berthe nessa noite memorável. Sentia-se sereno agora. Depois de dolorosamente vibrar, seus nervos se aquietaram sob a injunção do inevitável. Por isso, quando, ao amanhecer, Berthe o vira sair do gabinete admirou-se da sua serenidade, ao passo que ele surpreendeu-se do abatimento em que se encontrava a desgraçada.

— Pobre infeliz! — disse ele, erguendo-a, pois ela passara a noite diante daquela porta. — Levanta-te, pobre Berthe, e procura serenar. Quem sabe? É possível que eu não sucumba...

— Ó, Louis, meu bem-amado! A desgraça estendeu suas garras sobre mim. Estou perdida! Quisera também morrer!

Mas ele já não a ouvia. Estava comovido e não se queria curvar ao sentimento afetivo que agora voltava com feição de piedade.

— Estás perdoada, querida amiga da minha infância! — murmurou.

Instantes depois a aldraba da porta de entrada bateu com força. Eram as suas testemunhas que o vinham buscar, pois aproximava-se a hora do encontro com Ferdnand de Pracontal.

Berthe de Sourmeville não era de têmpera a sofrer esperas e incertezas. Era uma alma positiva e arrojada, insofrida e intimorata, que não se resignaria a situações passivas. No dia em que essa alma se renovasse para o amor de Deus e se desse à prática do bem, seu triunfo repercutiria nos Céus e ela seria considerada exemplo para as almas frágeis, que se deixam descrer do próprio progresso.

— Depressa, Hans, o meu carro — disse, imediatamente após a partida do barão. — Lucienne, a minha capa e o meu punhal. Matarei Ferdnand se ainda chegar a tempo. Assistirei ao encontro. Louis não pode morrer às mãos daquele miserável.

E partiu aflita, desesperada, inconsolável.

Os bosques de Saint-Nicolas eram compostos de pequenos agrupamentos de pinheiros, muito limpos e propícios aos encontros daquela espécie, tão frequentes naqueles ingratos tempos. Situados aos fundos dos muros do Convento de Saint-Nicolas, tomaram o seu nome e como tal eram conhecidos.

Louis chegou primeiro que Ferdnand, acompanhado das testemunhas e de alguns amigos, que pretendiam reconciliar os contendores antes do início da peleja. Logo após chegou o orgulhoso conde, feroz ainda no olhar e ligeiramente pálido. Mal cumprimentou o adversário. Não atendeu às propostas de reconciliação promovidas pelos amigos de ambos, no que foi imitado por Louis. O rude fidalgo sabia que ia cometer um homicídio e, apesar da dureza do seu coração, não podia fugir à impressão de que o homem a quem ia matar fora seu amigo e vilmente traído por ele.

Após as cortesias de estilo feriu-se a peleja levada a florete, única arma que Louis de Stainesbourg adestrava com algum desembaraço.

A luta era desigual e, às primeiras investidas, Ferdnand mostrara seus detestáveis intentos. Certo da própria força, o espadachim que ele era divertia-se naquele encontro, cansando sua vítima antes de feri-la, para depois ufanar-se sobre seu sangue com mais uma vitória.

Berthe de Sourmeville, a desventurada causadora do drama que enche nossas páginas, e triste lição àqueles que se desviam do caminho da justiça para perder-se nos lamaçais do egoísmo e demais paixões, Berthe chegara ao local alguns minutos depois do início da luta. Desesperada, dominada pelas violentas emoções que desde a véspera a sacudiam, a esposa de Louis dir-se-ia o espectro do próprio infortúnio. Ao vê-la, as testemunhas do duelo se penalizaram e, num gesto prudente, tentaram afastá-la, conjurando-a a voltar para a carruagem e lá aguardar o final da luta. Mas a vibrátil criatura resistira num protesto conciso, desarmando os interlocutores:

— Não, Senhores! Hei de ficar. Trata-se de meu marido. Ficarei.

A peleja, entretanto, continuava. Berthe não tivera ensejo de tentar contra a vida de Ferdnand, como fora sua intenção. Ferdnand chasqueava e ria, durante a luta. Louis, atento, cansava-se inutilmente, preferindo não ouvir os remoques do adversário. Somente dissera, de certa vez, que o adversário lhe gabara o desembaraço com que empunhava o florete, o que, achava ele, não era próprio de um artista:

— É verdade, senhor, reconheço a minha inabilidade em esgrima. Se, outrora, eu pudesse prever que em Flandres existiam fidalgos indignos, ter-me-ia exercitado melhor e hoje vos poderia oferecer a honra de luta mais interessante. Infelizmente só agora compreendo que me enganava e entristeço-me pelo desgosto de não vos poder matar.

Entrementes, Berthe empenhava-se na luta e, com frases estimulantes, dir-se-ia querer suprir a inabilidade do marido. Mas a sua parcialidade só poderia provocar o contrário do que ela desejava. Irritava Ferdnand, perturbava Louis, que já se encontrava ferido no pulso, com o sangue a tingir as alvas rendas da camisa que usava. Empalidecia, pois compreendia que o inimigo poupara-o até ali para melhor se divertir e fazê-lo sofrer por mero exibicionismo. Como num sonho, surgiram-lhe novamente as fases mais acidentadas da sua vida e ele as reviu dentro de si com o constrangimento de quem não tem tranquila a consciência na hora da agonia. Então, naquele momento grave e doloroso em que, por vias naturais, nele se cumpriam as leis de uma Justiça, enquanto Berthe avaliava a extensão da catástrofe provocada pelo seu crime de duas vezes adúltera, enquanto, ansiosas, as testemunhas aguardavam o desfecho da luta e Ferdnand, satânico, calculava o golpe que vibraria no peito do adversário, um sentimento sublime esvoaçava no coração de Louis de Stainesbourg.

Ele reviu Henri e a infância de ambos. Reviu a si próprio, pequenino, partilhando com Henri o seio pujante de vida que Marie lhe dava para salvá-lo da morte, em prejuízo do próprio filho. Reviu as solicitudes do companheiro de infância, os folguedos de ambos, a ternura que os enlaçava, tão leal e tão pura. Depois, a ingratidão cruel contra aquele que jamais lhe dera razões para agastamentos. A tortura de Henri, a desgraça ferindo os Numiers...

Um soluço de mágoa vibrou-lhe, ao mesmo tempo que um grito de dor, nas fibras da alma. A vista se lhe turvou de fraqueza, que a perda de sangue provocava, e ele, no fundo do pensamento murmurou doloroso e resignado:

— Henri, meu irmão, meu amigo! De onde estás, perdoa o crime que pratiquei contra ti!

E foi só. Uma dor aguda e profunda fê-lo soltar um gemido longo e cavo; ele largou o florete, que caiu para um lado, e levou a mão ao peito.

O sangue saía-lhe em borbotões do coração. Caindo nos braços de Berthe, expirou rapidamente, mas sentindo ainda sobre o rosto os beijos aflitos da estranha mulher que o amara e o traíra.

A arma de Ferdnand de Görs atingira o peito de Louis de Stainesbourg, a pérola de Bruges.

6

ONDE SE VÊ QUE A ASTÚCIA VENCE A FORÇA

Berthe encontrava-se em desespero. O remorso, a saudade, a humilhação, a decepção feriam-na tanto como no dia terrível do duelo que vitimara Louis. Adoecera e durante longos dias se debatera em crises nervosas que a enlouqueciam, somente amparada pela fidelidade de Lucienne, pois novamente os amigos a abandonaram, desacreditada que ficara no conceito da sociedade. Ódio indomável por aquele que considerava o assassino de Louis e a quem imputava a desgraça que a atingira agora perturbava-lhe a mente, tornando-a um ser incapaz de continuar reagindo para ainda poder viver. Pensava apenas em vingar Louis de qualquer modo, e, assim, não se permitia paz para voltar-se para Deus, não se equilibrava para tentar ainda remediar a vida, e cada vez mais perdia-se nas trevas do ódio, tal como, no século XVI, encarnada na personalidade de Ruth Carolina, perdera-se nas trevas da vingança contra Luís de Narbonne. Como Espírito, Berthe de Sourmeville pouco progredira, pois, como de início advertimos, levada pelas paixões, revoltada ao se sentir, no íntimo do ser, afastada daquela família de La-Chapelle, a quem tanto amara, mas a quem não merecia pertencer, Berthe olvidara os propósitos para que reencarnara em Flandres e mantivera-se estacionária como Espírito, cultivando o egoísmo e abrigando as más paixões no coração. Com efeito, não é fácil a um Espírito endurecido no erro reformar-se em uma só existência.

Passou-se, porém, um longo mês depois dos trágicos acontecimentos dos bosques de Saint-Nicolas. Berthe jurara a si mesma vingar Louis, mas não concebera ainda nenhum plano para a pretensão, porquanto adoecera e mantivera-se por longos dias presa de delírios. No isolamento a que se votara desde que vira morrer Louis, ela só pensava em vencer o homem que não só havia roubado a vida daquele que ela amava como também destruíra no coração do mesmo o amor por ela própria. A antiga esposa de Henri Numiers não se incriminava das próprias leviandades e traições à fé conjugal. Como todos os pecadores orgulhosos, ela atribuía os próprios erros à ação de outrem, considerando-se vítima de Ferdnand, e não sua cúmplice. Por sua vez, Ferdnand de Görs não olvidava sua paixão por ela. A ausência reacendera nele a atração pela bela mulher e o fidalgo, naqueles dois meses em que não obtivera a menor notícia da antiga amante, mantivera-se em contínuo mau humor, impaciente por vê-la, porquanto tencionava reconciliar-se com ela e mesmo oferecer-lhe o próprio nome, caso ela se mostrasse exigente, pois a verdade era que se julgava amado.

— Por ela — dizia ele aos seus íntimos —, eu tudo farei. Amo-a. Foi a única mulher que me soube prender. De mim, ela fará o melhor dos homens ou o mais perverso sanguinário. Quero oferecer-lhe a paz e até, se preciso, o meu nome de esposo.

Escreveu-lhe frequentes vezes durante o lapso de tempo em que Berthe se mantinha sob rigoroso luto, mas não obtivera respostas às apaixonadas missivas a que os madrigais não mais acompanhavam, pois em seu palácio emudecera para sempre a voz do menestrel que cantava os belos versos de amor.

Um dia, no entanto, o portador que levava as cartas para a baronesa voltara com uma outra em fino papel de linho perfumado. Ferdnand quebra o lacre que fechava a missiva e, aturdido, lê as seguintes frases, traçadas pela caligrafia alta e enérgica de sua cúmplice:

"Senhor conde! Mais uma vez fostes o mais feliz e vencestes. Um destino singular impele-nos um para o outro. Amo-vos sempre. Espero-vos amanhã, em minha casa".

Ferdnand, porém, temeu o escândalo de visitar a residência do homem a quem assassinara e respondeu imediatamente:

"Não é prudente que eu vos visite. Vinde vós à minha residência, bem disfarçada e oculta. Preparei tudo".

Todavia, Berthe insistira, estabelecera condições e Ferdnand aceitou-as.

Berthe preparara em segredo sua partida de Bruges e até de Flandres, apenas auxiliada por Lucienne e pelo marido desta, que deixara a vida militar a pretexto de servir Luís de França (Luís XIV), no seu entender o maior e o melhor Rei do mundo. A intenção de Berthe era vingar-se de Ferdnand e sair para a França de qualquer forma, no mesmo dia, ou na mesma noite dos acontecimentos que premeditava. Como a sua casa continuava fechada desde a morte de Louis — pensava ela — ninguém desconfiaria de sua partida. Despedira os criados, não cuidara de bagagens, não se despedira de ninguém e para os amigos continuaria residindo em Bruges, apesar da miséria que batia às suas portas. Fizera, porém, que Lucienne partisse para França uns dias antes. Em Paris, Lucienne deveria providenciar uma pequena casa onde os três pudessem viver os primeiros tempos. Para isso, a serva levara consigo quantia suficiente, ignorando, porém, os projetos de vingança de sua senhora.

No dia marcado para o encontro com Ferdnand, tudo estava preparado. Dois cavalos selados esperavam na cavalariça e os disfarces para ela e Hans à espera para serem usados. Ferdnand ceara cedo, com alguns cortesãos indispensáveis, e mostrara-se nervoso. Queixara-se de dores de cabeça e mal tocara nos alimentos, aspirando, de vez em quando, o frasco de sais que seus pajens apresentavam. Dispensara os convivas logo após a ceia declarando ter necessidade de repouso, solicitando que o não incomodassem. Entrara para os próprios aposentos e fechara-se ali para dormir. No momento, porém, em que se vira só, seus olhos rebrilharam de júbilo, o aspecto doentio desaparecera e, apressado, disse para o criado de quarto, que o esperava:

— Depressa, Raoul, veste-me sem barulho e com ligeireza. Mas veste-me com apuro e perfuma-me bem. Desejo visitar certa dama estrangeira de alta linhagem.

O criado obedeceu e, solícito, ataviou o amo tão bem quanto possível. Ferdnand gratificou-o com algumas moedas de ouro e, satisfeito, considerando-se belo, exclamou:

— Está bem, sinto-me feliz hoje e desejo que os que me cercam também o sejam. Dispenso-te durante 24 horas. Vai passear, diverte-te. E não digas a ninguém que saí esta noite. Ninguém deverá saber que visitei uma dama hoje...

— Serei discreto como sempre, meu senhor.

O conde temia ser criticado pelos próprios amigos, por continuar entretendo relações com Berthe quando acabava de lhe matar o marido, e, por isso, ao visitá-la pela primeira vez depois do dia fatal cercava-se de cautela, não dizendo a ninguém onde pretendia passar a noite, saindo ocultamente do palácio e dispensando a companhia de seus guardas sem prever que, assim, servia aos interesses da própria dama a quem visitava.

* * *

No pequeno Palácio Stainesbourg, naquele recinto outrora risonho de festas, a escuridão agora era quase completa. Berthe e Hans eram os seus únicos habitantes.

Ferdnand saíra de sua casa a pé, disfarçado com uma capa burguesa a fim de não despertar a atenção de algum notívago que porventura o encontrasse sozinho, feliz. Saiu por uma porta secreta e se encaminhou, apressado, para onde o esperava a mulher que fazia jorrar o sangue de quantos corações a tinham amado. Pequena máscara de veludo negro encobria-lhe parte do rosto, precaução que sempre tomava para suas aventuras noturnas, mas que com a escuridão daquela noite tornava-se desnecessária.

Berthe recebeu-o gravemente, usando de certa cerimônia. Sabendo-se esperado, o conde nada suspeitara do grande silêncio reinante em casa, ou atribuiu-o ao luto que ainda guardavam, nem mesmo quando a baronesa interrogou-o:

— Viestes só, senhor conde?

— Absolutamente só, minha senhora, não se preocupe, fui discreto — julgando que ela temia pela própria reputação.

Pálida, um tanto abatida, malgrado suas faces carminadas e seus lábios sanguíneos, que anunciavam a doença que já se aninhara em seu organismo; com seus cabelos louros caídos em duas madeixas sobre o peito e trajando veludo negro, aquela criatura irresistível mostrava-se a Ferdnand apaixonado mais sedutora do que nunca.

Comovido e, não obstante, sentindo-se embaraçado diante da viúva de Louis, ele inclinou-se para ela e murmurou:

— Senhora, eis-me novamente a vossos pés. Rogo que me perdoeis e esqueçais possíveis ressentimentos. Bem vistes que foi um combate leal. Pertenço-vos. Aqui me tendes para vos fazer ditosa.

— Não guardo ressentimentos contra vós, senhor conde, e a prova é que vos recebo em minha casa. Nunca me esquecerei dos favores que sempre nos prestastes. Apenas guardei conveniências e agora sou eu que vos peço perdão pelos muitos desgostos que vos tenho causado. Sede bem-vindo.

Ferdnand encantava-se e, humilde, sentando-se a seu lado, a um gesto dela:

— Mas, baronesa... Parecestes-me hostil no dia em que...

— Ferdnand, por Deus, não recorde aquele instante terrível. Isso passou, esqueçamos tudo, sim, esqueçamos tudo para podermos ser felizes. Eu quero ser feliz!

Ele voltou-se vivamente, insinuante, protetor:

— Berthe, não vaciles em aceitar-me. Amo-te. Dar-te-ei meu nome de esposo. Serás poderosa e feliz.

Abraçaram-se, beijaram-se e prometeram-se mútuas felicidades. Ferdnand entregou-se completamente à confiança naquela mulher que o fascinava. Berthe, por sua vez, mantinha-se à altura da fina comediante que era desde o século anterior. Fraca, só, abandonada por todos, uma vez que só um amigo lhe restava — aquele homem que ali estava pronto a servi-la, mas a quem ela odiava com todas as forças —, não podendo empregar contra ele a força, valia-se da dissimulação e da astúcia para realizar a vingança que lhe devorava o coração. No entanto, por muito mau que Ferdnand fosse, amava Berthe sinceramente e esta lhe devia favores: aquele homem protegera Louis, elevara-o, tirara-o da mediocridade de fidalgo arruinado para torná-lo, e a ela, conceituados por uma sociedade nobre. Esse homem talvez não fosse o traidor que foi se ela própria, primeiro do que ele, não quisesse ser traidora e infame.

A ceia, no entanto, fora servida por Hans numa sala que pequenos candelabros iluminavam discretamente. Ferdnand notou-o:

— Gostais da semiobscuridade, senhora!

— Certamente, querido senhor. A penumbra é propícia ao sonho e ao devaneio...

— À mesa eu nunca devaneio, querida baronesa. Contento-me com a realidade dos pratos e dos vinhos... À luz da lua, sim, com um firmamento bordado de estrelas, sob o rumor das árvores de tílias e ao perfume dos aloendros... sinto-me romântico...

— É porque no vosso Castelo há parques e aloendros perfumosos, meu caro conde. No meu pobre palácio, porém, não os há, e temos de sonhar à mesa ou no leito... Mas nada bebeis, conde Ferdnand? Provai deste vinho antigo, das adegas de Stainesbourg, por favor. Olhai, conde, como brilha e espuma...

Ferdnand sorveu de um trago aquele vinho que Berthe servia, confiante e encantado com a gentileza da anfitriã, sem suspeitar que sorvia a morte. Sorveu nova taça, e outra, e outra...

Aquele vinho não produzia a morte com facilidade. Berthe não quisera precipitar demasiadamente o crime. Ainda assim ela arriscava a própria vida, mas a energia da estranha mulher não temia consequências.

— Que eu morra depois — pensava —, mas que o causador da minha desgraça morra primeiro do que eu. Pobre, doente, sem amigos, de que me valerá agora a vida? Ele próprio me faltando, a vida ser-me-á um suplício de miséria...

No entanto, Ferdnand sentia que anormalidades lhe agitavam o organismo. Calafrios lhe resfriavam lentamente o corpo. A garganta se lhe apertava, abrasada em fogos que o torturavam, ao passo que a cabeça, pesada e dolorida, dir-se-ia querer arrebentar de um momento para outro.

— Sinto-me mal, baronesa, minha vista escurece, acendei mais velas, por favor, vosso vinho dir-se-ia deteriorado...

Ela riu-se com uma gargalhada de louca:

— E se eu tivesse envenenado o vinho, senhor conde?

— Oh, não faríeis tal coisa, senhora, por favor, eu...

Com efeito, Ferdnand estava envenenado e ela divertia-se com os seus sofrimentos. A pecadora falava, falava sem cessar, às vezes tiritando de febre nervosa, arrependida do que fazia, horrorizada com o que presenciava.

— Rejubilai-vos, conde — dizia ela à sua vítima, que, aterrorizada, só com ela, ignorado, ali, pelos seus homens, sentia a cada novo instante confirmarem-se os mortíferos efeitos da droga que ingerira —, a droga que deitei no vosso vinho não causa dores. É apenas um narcótico poderoso, que vos fará adormecer sem possibilidade de despertar. Em verdade, eu preferia matar-vos como matastes o meu Louis. Mas seria perigoso para mim. Não tenteis levantar para me agredir. Não poderíeis fazê-lo. Vossos órgãos já endurecem. Vossas forças se esgotam. Que veneno é? Não sei, comprei-o a um droguista ambulante por duas esmeraldas lindas, presente vosso...

Depois, trágica, odienta, aproximando-se dele, que entrava em agonia:

— Desgraçado! Desgraçado e maldito! Sabes, cão, por que te mato? Para vingar o meu Louis, a quem traíste e assassinaste. Morre, infame Ferdnand de Görs, morre como um miserável que és, sem glórias nem amigos, enganado e tolo como um imbecil, morre, vergonha da Flandres, a morte insultuosa das mãos de uma mulher!

Atirou-o no chão empurrando-o da cadeira, onde se estertorava, fazendo-o resvalar moribundo, arquejante; bateu-lhe no rosto, feriu-o com a ponta fina do seu sapatinho de cetim, cuspiu-lhe vezes seguidas, e quando viu que o homem que matara Louis era cadáver, retirou-se, horrorizada de si mesma, daquela sala trágica, procurando Hans e dizendo-lhe, no auge do terror:

— Hans, meu amigo, leva-me daqui, não aguento mais, não aguento mais!

Porém, Hans tinha desaparecido. Horrorizado com o que presenciara, temeu-a com pavor e fugiu dela, para nunca mais aparecer em Bruges.

Então, cheia de aflição e nervosismo, mudou de trajes, vestiu-se de burguês, procurou o cavalo que restava na cavalariça e cavalgou na escuridão, tomando destino incerto.

* * *

Horrorizado, sucumbido, exausto de dor elevada às últimas possibilidades de suas forças, o Espírito Henri Numiers, que assistira à morte de Louis e agora assistia ao crime que o seu ídolo de outros tempos acabava de praticar, rojou-se por terra em atitude de vencido e, submisso e humilde, murmurou para que a misericórdia do Eterno ouvisse:

— Meu Deus! Meu Deus! Não posso mais! Socorrei-me, por piedade! Tirai-me daqui! Esta mulher horroriza-me! Quero ir para o padre Romolo! Somente ele me confortará!

Havia dez anos que o desgraçado cavaleiro de Numiers procurara na morte voluntária o esquecimento para as próprias amarguras, sem, entretanto, encontrá-lo.

Quinta Parte

No mundo real

1

O ANTIGO LAR

Nada mais havia na Quinta Numiers que recordasse o esplendor de outro tempo. Dez anos de desolação haviam passado por ali como dez séculos de infortúnio, desde o dia em que uma esposa perjurou a fé conjugal. Coberto de dores e angústias, pai Arnold nunca mais trabalhara em sua antiga propriedade e, por isso, a ruína dominou a habitação onde outrora se erguia a bela mansão com seus jardins sombreados de castanheiros e cerejeiras. Por tudo isso, os senhores de Stainesbourg se acharam no direito de chamarem novamente ao patrimônio do seu burgo aquelas terras que foram suas e se assenhorearam de tudo, e, mais tarde, por morte de Louis, também o Palácio de Bruges, pois eram os únicos herdeiros do jovem barão. E até mesmo o título foi por eles reivindicado.

Agora pai Arnold, enfermo, tinha as faculdades mentais alteradas e vivia pelas aldeias qual mendigo, à procura de Berthe a fim de matá-la e vingar o filho, pernoitando, às vezes, ao relento, ou abrigado por velhos amigos que se apiedavam dele. O Presbitério, porém, era o seu abrigo mais certo, porquanto Romolo e Thom não o desamparavam. Mas alucinado, frequentemente, fugia dali para vagar de aldeia a aldeia.

Entrementes, Romolo Del Ambrozzini chegara ao termo da sua vida de apóstolo. Enfermo, exausto de toda uma vida de trabalhos em benefício do próximo, o venerando ancião esperava a cada instante ser chamado ao tribunal divino. Esquecido por seus superiores naquele recanto do mundo, prisioneiro do amor e do dever, ele dera às três aldeias da sua paróquia as melhores energias de sua vida e agora se preocupava com a escolha do seu substituto, que poderia não amar tanto as suas ovelhas como ele as havia amado durante mais de quarenta anos.

Antoine Thomas de Vermont, o Thom querido daqueles corações humildes, conservava-se o mesmo, apesar dos dez anos decorridos. Silencioso sempre, humilde, caritativo e amoroso, era ele o ídolo de seu pai adotivo e seu pai adotivo era o ídolo dele.

Romolo e Thom tudo haviam tentado para socorrer Arnold. Mas fora em vão. Arnold tornara-se um caráter selvagem, odioso, a quem a revolta dementara. E pobre, mais pobre do que o último camponês das cercanias, o velho padre não pudera salvar da ruína a formosa Quinta, onde outrora gostava de passar as tardes de descanso rodeado da vizinhança, que lhe ia ouvir as prédicas, e servido por Marie, cuja bondade e simplicidade ele jamais esquecera.

Desfeito em prantos, o atribulado Espírito Henri Numiers, que deixara o seu abrigo espiritual das imediações do Presbitério a fim de se reunir a Berthe, em quem não cessava de pensar com intensidade, a ele voltou após a invocação fervorosa que fizera. A ação motora da própria vontade, sem que ele o percebesse, fê-lo transportar-se para o domicílio de Romolo, sendo então novamente encaminhado, pelos assistentes espirituais, ao abrigo de Além-Túmulo que lhe convinha. A paz reinante naquele lar, a confortadora atmosfera de amor e caridade que envolvia o ambiente tiveram a virtude de lançar sobre as atribulações do suicida o bálsamo da confiança em seus amigos. Em verdade vultos espirituais o socorriam, como da primeira vez. Supondo-se no

Presbitério terreno, assistido por padre Romolo e Thom murmurou, como desfalecido:

— Meu padre, socorrei-me, tende compaixão de mim. Eu creio em Deus! Sim, eu creio em Deus. Ensinai-me a orar.

E uma prece singela, mas fervorosa, vibrava docemente naquele recinto que era a retratação espiritual do Presbitério, à procura do Alto, enquanto Henri a acompanhava contrito.

Amanhecia. Ao longe, nos estábulos vizinhos, baliam as cabras e as ovelhas. No horizonte, as primeiras franjas do sol rompiam o nevoeiro que a noite estendera para amortalhar a Terra.

* * *

Fora sem acidentes a viagem de fuga da baronesa de Stainesbourg. Enquanto trocava as vestes, porém, transformando-se em homem, Berthe se via obrigada a tecer nova programação para o seu destino. Não lhe passou pela imaginação que Hans tivesse prevenido a polícia do que acabara de se passar em sua casa. Se o fizesse, ele denunciaria a si próprio, pois fora seu cúmplice. Sabia, porém, que seu caso era de vida e de morte e que precisava apressar-se e fugir. Apressou-se e fugiu, deixando o Palácio onde fora tão feliz. Compreendia que, só, como estava, não poderia seguir para a França. Mas as portas da cidade, ou barreira, estavam fechadas àquela hora da noite. Ofereceu propinas, sacudindo as moedas de ouro que retirara da bolsa de Ferdnand, e deixaram-na passar, julgando-a um homem que buscasse amores pecaminosos fora da cidade. O cavalo era forte e veloz e ela galopou. Não tinha a menor ideia para onde iria a fim de esconder-se. Subitamente, porém, reconheceu a estrada em que marchava. Era a estrada inculta e deserta de Stainesbourg. Mas, aí, percebeu que uma noite e um dia se haviam passado e que agora caía outra vez a noite.

Terror inexprimível apossou-se dela ao reconhecer que atingira a estrada de Stainesbourg:

— Pois quê? — murmurava enquanto galopava — é para Stainesbourg que irei?

Todavia, não parava e prosseguia. Seu cavalo ficara num posto de muda, como garantia para o outro, que ela trocara pelo primeiro. Soubera por Hans que, por sua vez, soubera pelos oficiais do seu antigo quartel, que Henri se suicidara. Ela própria vira o seu fantasma várias vezes. Ainda assim, temia a cada instante deparar com aquele ex-esposo tão violentamente ultrajado. E seus pais adotivos, como a receberiam? Certamente pediriam contas do seu procedimento...

Pôs-se a chorar silenciosamente, tremendo de frio, açoitada por tremendas recordações:

— Oh! Não! Não me encontrarei com eles. Esmagar-me-iam com seu desprezo. Toda essa gente a quem desprezei outrora desprezar-me-á agora. Entregar-me-ão aos gendarmes, quando souberem do que fiz a Ferdnand. Que será de mim? Onde irei parar?

De repente lembrou-se do Presbitério, de padre Romolo, de Thom. Nunca mais, em dez anos, soubera deles. Nunca lhes escrevera uma carta sequer, ou mandara um óbolo para os seus pobres. No entanto, agora ela seria um daqueles pobres do Presbitério.

— Sim! Baterei à porta de padre Romolo. Pedirei abrigo por esta noite. Estou exausta! Amanhã, ao amanhecer, seguirei para a outra Flandres. Não quero ser reconhecida em Stainesbourg. Mas... Que farei eu na outra Flandres? E se padre Romolo morreu? E se Thom não mais viver no Presbitério?...

Não tinha outro remédio senão seguir. Seguiu.

O cavalo, finalmente, estacou diante de uma mansão engrinaldada de flores trepadeiras, em cujo jardim uma profusão de canteiros de rosas embalsamavam o ar com os seus últimos perfumes. A noite caíra completamente, e da velha habitação de pedras saíam luzes e um vozerio humano, ouvido mesmo a distância. Era o Presbitério, e, fiel ao seu ideal de fraternidade, Romolo e Thom ministravam aos rapazes das cercanias as lições da noite.

— Eis o Presbitério, reconheço-o, é o mesmo! — falou consigo mesma, desmontando-se. — Oh! Há muitos anos aportei nesta casa, quase tão angustiada como hoje. Então, como hoje, eu provinha de entre os fidalgos, corrida por eles. Então, como agora, meu destino era mais do que incerto...

Escondeu-se na obscuridade, à espera de que a casa de Romolo se esvaziasse para apresentar-se diante dele. E se Romolo e Thom não vivessem mais ali?

Mas eis que a porta rangeu nas rudes dobradiças. Thom apareceu no limiar empunhando uma lanterna e, um a um, os alunos se despediram. Berthe desceu sobre o rosto o capuz da capa, temendo ser reconhecida. Não o fora, realmente. Um dos rapazes, distinguindo um vulto agasalhando-se na própria capa, voltou-se e exclamou para Thom, que, no limiar, segurava ainda a lanterna:

— Há um mendigo aqui, senhor!

— Mandai-o entrar, Pierre, esta casa nunca deixou de receber os que sofrem.

Berthe de Sourmeville, então, subiu os degraus de pedra que davam ingresso ao jardim. Thom alumiava, paciente, os degraus para que o suposto mendigo entrasse:

— Entre, irmão, nada receie — disse ele —, encontrará aqui repouso e proteção.

Berthe transpôs os umbrais da mesma porta que vinte anos antes transpusera ao sair de Stainesbourg para Numiers.

A lanterna, agora, batia a sua luz sobre ela. Thom olhava-a curioso, sem poder observar o rosto que o capuz velava a meio. Ao fundo, sorridente e amável, padre Romolo dizia:

— Sente-se, meu filho. Aqui tem esta poltrona, junto ao fogo, a noite esfriou, aqueça-se.

E virando-se para o Thom, que continuava fitando o recém-chegado:

— Thom, traze-lhe a ceia, meu filho.

Então, Berthe entrou confiante. Diante de padre Romolo, que fora seu pai carnal muito amado, em existência anterior, ela suspendeu o capuz e seu belo rosto cor de lírio, e seus belos cabelos cor de sol mostraram-se aos dois homens. Thom deixou escapar uma vibração de surpresa:

— Ó, Berthe, bendita sejas! — enquanto Romolo, caminhando para ela e abraçando-a paternalmente, dizia, com as dela misturando as próprias lágrimas:

— Ó, Berthe, minha filha! Entre e sê bem-vinda nesta casa. Há dez anos, desde que te foste, eu esperava este momento!

A neta do moleiro, então, resvalou de seus braços e caiu no chão, sem sentidos, vencida pelo cansaço e as emoções.

2

Ocaso

A ausência de Ferdnand de Görs de seu palácio não causara alarme nos três primeiros dias após o seu desaparecimento. Era hábito do velho boêmio refugiar-se em domicílios alheios a fim de fruir prazeres em companhias galantes, tal o costume da época. De outro modo, ele avisara seu criado de quarto de que estaria em companhia agradável e o criado acalmara com tal notícia as primeiras inquietações dos familiares e comensais do conde, no segundo dia do seu desaparecimento. Cinco dias, porém, se passaram sem aparecerem notícias do fidalgo. Então, movimentaram-se os criados à sua procura. As residências que ele possuía em Bruges, em Pracontal e imediações foram visitadas, mas em vão. Os amigos e comensais foram interrogados, mas nenhum deles dava informações a seu respeito. As autoridades policiais então puseram-se a campo. Os antros de Bruges, os albergues mal-afamados, por toda parte onde houvesse vida alegre e irregular, Ferdnand foi procurado, e até conventos tiveram de franquear seus portões para a visita de autoridades competentes. Mas não era encontrada sequer uma pista que pudesse esclarecer o mistério. Supôs-se mesmo que o conde fosse vítima de uma emboscada e seu corpo atirado num fosso ou num matagal, e por isso os bosques e os fossos de Bruges foram devassados, mas sem resultado. Entretanto, ao visitarem os bosques de Saint-Nicolas, alguém, casualmente, lembrou-se de que Ferdnand, antes de desaparecer, matara em duelo, ali, o seu amigo Louis de Stainesbourg. Que fora propalado pela cidade que a esposa do morto jurara, diante dos presentes aos funerais de seu marido, que sua morte seria vingada. Quem recordou isso — um serviçal da família de Görs — comunicou as próprias impressões a seus senhores. Berthe de Stainesbourg foi lembrada para depoimento e explicações. Sua residência continuava fechada, sem que a vizinhança soubesse do seu paradeiro. Uma escolta de gendarmes e um oficial receberam ordem de visitar a mansão. Por longo tempo agitaram a aldraba, chamaram, gritaram. Tudo indicava, porém, que o palácio estava desabitado, pois nem mesmo criados atendiam. Na polícia, não havia pedido de Berthe de Stainesbourg para deixar o país, mas havia licença para sua criada Lucienne visitar a França. O oficial resolveu então fazer seus homens escalar os muros do jardim e penetrar nos pátios. Assim foi feito. Depois de muito examinarem, constataram que uma porta lateral estava apenas fechada com o trinco e um portão dos fundos apenas fechado com uma maçaneta de madeira. Comunicaram a descoberta ao oficial e este, penetrando também o pátio, deu ordem para que o palácio fosse devassado.

Ao transporem o primeiro aposento o cheiro nauseabundo de putrefação ofendeu-lhes o olfato. Seguiram por esse rastilho e dentro em pouco o cadáver de Ferdnand era encontrado estirado sobre os tapetes da sala de jantar, mas Berthe havia desaparecido e com ela a sua criadagem. Movimentaram-se então as autoridades a fim de capturarem a bela baronesa, depois de uma ordem especial de detenção para averiguações, pois tratava-se de uma fidalga e não havia ainda provas de que Ferdnand houvesse morrido por suas mãos, e sim apenas suspeitas.

* * *

Entrementes, Berthe de Sourmeville pretendera seguir viagem no dia imediato ao de sua chegada ao Presbitério, mas padre Romolo e Thom não consentiram. Ela escaldava em febre, tossia ininterruptamente, e hemoptises[18] apareceram, anunciando que ela absorvera a doença que vitimara Claire, e que seu fim terreno estava próximo. Romolo e Thom esconderam-na em um aposento humilde da torre do Presbitério e tratavam dela com desvelo paternal, pois, com efeito, eram eles o pai e o irmão muito queridos de sua anterior existência, quando, como Ruth Carolina, ela vingara o massacre da própria família e assim se comprometera perante a Lei de Deus. Mas por muito que os dois homens a encobrissem da curiosidade dos aldeões, a notícia de sua volta transpirara dos muros do Presbitério levada pela velha criada que auxiliava o tratamento, e chegara aos ouvidos de Arnold Numiers. Berthe confessara aos seus generosos protetores os acontecimentos de sua vida em Bruges sem omitir o menor detalhe, culminando com a morte de Louis e o envenenamento de Ferdnand por ela própria. Romolo e seu pupilo sobressaltaram-se: como fazer agora? Denunciar Berthe, entregá-la à polícia, visto que era criminosa? Seus corações repugnavam tal medida. Como entregar Berthe às autoridades, naquele miserável estado de saúde? Porventura não seria também um crime? Escondê-la, ficar com ela ali, ignorando o crime por ela praticado? Era o melhor alvitre, pois Berthe nem mesmo podia sentar-se no leito, nem mesmo conseguiria seguir viagem a fim de exilar-se em um país estrangeiro. Sua enfermidade era grave e de hora a hora as forças se lhe fugiam. Mas, e se a polícia a descobrisse ali, entre eles, que fazer?

Felizmente para eles, que eram virtuosos e mereceram a proteção dos Céus, as autoridades de Bruges não tiveram a ideia de procurar Berthe em Stainesbourg. Não conheciam particularidades de sua vida e, como se dizia em Bruges que ela se mudaria para França foi para lá que se dirigiram as atenções depois de vasculharem a cidade e suas imediações à sua procura.

Não obstante, pai Arnold estremecera de alegria ao ouvir a afirmativa de que sua nora se encontrava no Presbitério. Espalhou a notícia

---

[18] N.E.: Expectoração de sangue proveniente dos pulmões, traqueia e brônquios, mais comumente observável na tuberculose pulmonar.

pelos quatro cantos das duas aldeias, afirmando que sua vingança estava próxima, que mataria Berthe onde quer que a pilhasse, ainda que fosse na Igreja, e a arrastaria pelos cabelos até o vale onde sepultara Henri. Armara-se da faca de Henri, a qual era uma relíquia para ele, e mostrava-a a quantos o ouvissem, afirmando, por entre blasfêmias e insultos, que, com aquela faca, com a qual Henri matava os lobos da montanha, ele mataria a perjura que levara seu filho ao suicídio.

Como era de esperar, a notícia chegara ao ouvido dos dois sacerdotes, os quais redobraram a vigilância acerca da doente. Pai Arnold rondava o Presbitério dia e noite, à espreita de um momento que o fizesse encontrar a nora e liquidá-la sem mais delongas. Por sua vez, Berthe suplicara a Thom que a levasse ao túmulo de Henri, pois arrependia-se sinceramente da traição a ele infligida e desejava pedir-lhe perdão à beira do seu túmulo. A notícia de que Marie sucumbira de desgosto pelo drama que atingira sua casa fizera-a derramar abundantes lágrimas. Reconhecia agora que ela própria se desgraçara levada pelas paixões e os maus desejos do coração, e que um abismo agora se escancarava para o seu futuro. Chamava por Henri e Louis em seus delírios e pedia-lhes perdão, ardentemente desejando vê-los a seu lado. Thom consolava-a, falava-lhe de Deus, repetia-lhe as promessas de Jesus, procurava cultivar naquela alma revel os dons redentores da fé e da esperança, aconselhava-a a buscar Deus e penitenciar-se, pois ela ia entregar a alma ao Criador e seria preciso prepará-la para que seu arrependimento e o desejo de emenda fossem realmente sinceros para fornecer-lhe forças e amparo na vida do Além. Mas Berthe que, ao reencarnar, esquecera os compromissos de emenda assumidos no mundo espiritual, a quem as paixões haviam desgraçado e comprometido perante as Leis divinas, somente se preocupava agora com Henri e Louis, pesarosa pelo mal que lhes causara. Thom, porém, era o seu grande consolo, e, muitas vezes, murmurava para só ele ouvir:

— Não mereci o teu amor tão santo, Thom, meu irmão! Perdoa os desgostos que te causei. Amei-te muito, mas não tive forças para dignificar esse amor. E estou certa de que, se me fora possível ter vivido sempre a teu lado, não me teria desgraçado tanto.

— Não serei eu, mas tu mesma que, procurando Deus, fará a tua redenção, minha filha...

Mas por muito que padre Romolo e Thom o desejassem não conseguiram a tempo pacificar a consciência da infeliz mulher. A lembrança de Henri e de Louis, sua desgraça, a morte trágica de ambos, a derrocada da Quinta Numiers eram pesadelos que a enlouqueciam, erros que requereriam séculos para serem reparados. Ferdnand aparecia-lhe em sonhos qual obsessor que a perseguisse com seu amor pecaminoso, que a apavorava. Despertava então em gritos, bradando por socorro e, às vezes, blasfemando contra o inferno em que se transformara a sua consciência. E só podia repousar se Thom ou padre Romolo se aproximassem dela e orassem com as mãos espalmadas sobre sua cabeça.

Dois longos meses assim decorreram. Uma noite, porém, seu estado agravou-se. Berthe entrara em agonia e ao amanhecer expirara sob as preces de seu pai e de seu irmão de uma existência passada.

Arnold Numiers não conseguira praticar a projetada vingança. Romolo e Thom o impediram de praticar o abominável crime. E quando as autoridades de Bruges conseguiram descobrir a pista de Berthe e chegaram a Stainesbourg, somente lograram encontrar uma cova rasa guardada por uma cruz tosca de madeira, ali colocada pelas mãos carinhosas de Antoine Thomas de Vermont, o Thom bem-amado pelas almas humildes de Stainesbourg, de Numiers e de Fontaine.

3

O DESPERTAR

Uma noite, só, no seu quarto de dormir, na Quinta Numiers, Louis de Stainesbourg ouviu a voz da consciência dizer-lhe amorosamente:

— Foge de Berthe, meu filho, vá para o estrangeiro, imponha-te a esse amor impossível, que só um crime de consequências imprevisíveis poderá satisfazer. Berthe pertence a outro pelo matrimônio. Resigna-te a esse imperativo e ama-a como se ela fosse tua irmã. Lembra-te de que ela é esposa de Henri e que Henri é teu irmão pelo coração.

Essa voz, que ele bem compreendeu, eram advertências do Espírito de sua mãe, que por ele desejava velar de Além-Túmulo, onde se encontrava. Se Louis de Stainesbourg tivesse atendido a esse murmúrio espiritual, que lhe falava por meio da consciência, teria observado a rota que lhe fora traçada pelo dever ao reencarnar e nenhuma razão de dissabores havia sido criada para deprimir-lhe o espírito, fornecendo-lhe remorsos e a certeza de que novas etapas de lutas se levantavam em sua trajetória.

Louis de Stainesbourg ouviu essa voz, mas não a atendeu. Como o homem é livre e as Leis divinas o não obrigam a obedecê-las, o filho da baronesa Claire desviou-se da boa rota traçada no Espaço, antes da reencarnação, e errou: fraco, invigilante, imprudente, ele arrojou-se nos braços de uma felicidade fictícia, que sua ingenuidade supusera real, quando a verdade é que nenhum ato praticado fora das Leis de Justiça concederá felicidade ao homem.

A consequência do lamentável engano do filho de Claire de Sourmeville já o leitor conhece. É o engano de todos os corações que se furtam ao cumprimento do dever. Unindo-se indevidamente à sua prima Berthe, esposa de outro homem, a mais desoladora decepção amargurou seus dias, e ele reconheceu-se ferido pelas próprias mãos daquela por quem errara, o que não é difícil acontecer na sociedade humana.

Dramas iniciados na Terra, no teatro empolgante que é o desenrolar da vida humana, fatalmente prosseguirão na vida do Além. A morte não traduz destruição, senão apenas o prosseguimento da vida num segundo plano. Dores, afetos, ódios, tudo o que constitui o homem moral não finaliza sob a lápide de uma sepultura. Alonga-se, prossegue, continua num desenrolar grandioso até a vitória do bem, epopeia magnífica da alma humana nos labores da evolução. Homem! Conhece os grandes poderes que possuis e, pelas ações que praticares, dá um impulso vivo e forte à tua alma, para que depressa ela se possa aproximar do foco de luz de onde se derivou.

Ora, Louis Fredérych de Stainesbourg, uma vez desencarnado, despertava lentamente do longo letargo que sucede a morte do corpo. Silêncio profundo circundava-o e ele, despertando com dificuldade, sentia tristeza angustiante. Não sabia onde se encontrava, e, com esforço, como quem volta a si de um longo desmaio, procurava reconhecer-se e buscar coordenar as próprias ideias. Seu primeiro balbuciar foi um nome venerado, um nome que desde a infância ele nunca repetia sem uma grande ternura no coração, o nome que embalara suas horas de criança e que mais tarde consolara-o das atribulações de cada dia:

— Minha mãe!

"Minha mãe!" — repetia de mansinho, queixoso e comovido. — "Foste tu, sim, mãe querida, que eu vi e reconheci no supremo momento, quando a arma de Ferdnand varou-me o coração. Bendita sejas pelo conforto e a esperança que me deste àquela hora! Tua presença foi a imagem de Deus perdoando os meus pecados. Em Deus e em ti, minha mãe, foi que pensei no momento terrível em que reconheci que sucumbia..."

Com efeito, Claire, vaporosa como as neblinas da primavera, e, ternamente, como outrora diante do seu berço, curvava-se agora sobre ele, assistindo-lhe o despertar do Espírito na vida real, ou mundo espiritual.

Grandiosa é a missão das verdadeiras mães, a qual o túmulo não aniquila!

— Vamos, reanima-te para a esperança de uma vida nova, meu filho! Ora ao bom Deus, que eu te ensinei a conhecer como refúgio infalível nas horas difíceis... e prepara-te para perdoar aos que te feriram...

Mas ele despertava com lentidão.

A passagem de Louis Fredérych para o Além fora violenta e agora era difícil o despertar, embora não doloroso. Finalmente, ele pôde, alguns dias depois do desenlace, recuperar a lucidez que um sono profundo contribuíra para se definir. Agora, completamente desperto, as ideias se estabilizavam e tristeza infinita apoderou-se dele, fazendo-o chorar copiosamente. Pensava em Berthe, cujo amor causara a sua queda na trilha do dever; pensava em Ferdnand, cuja traição feria-o dolorosamente, levando-o a aquilatar a dor de Henri por ele ferido, e pensava em Henri, o qual ele espezinhara, roubando-lhe a esposa adorada, assim aniquilando a vida daquele que com ele repartira o seio materno, privando-se do leite que lhe pertencia para que ele, o frágil Louis, adquirisse o vigor vital. Um desejo imenso de rever Henri, de lhe pedir perdão, de chorar em seus braços, de se sacrificar por ele, de reparar o mal que lhe fizera assaltou sua alma, roubando-lhe toda a satisfação que a permanência no

Além lhe poderia proporcionar. Era um remorso atroz, que nada aplacava, enquanto a imagem vigorosa, mas triste, do irmão colaço permanecia presente em sua lembrança como que viva, corporificada, sem lhe conceder tréguas. O desolado Espírito Louis Fredérych postava-se de joelhos e chorava, banhado em lágrimas:

— Concedei-me, Deus de Misericórdia, um meio de reparar o mal praticado contra o meu pobre Henri. Quero amá-lo, Senhor, protegê-lo, sacrificar-me por ele!

Não inculpava Ferdnand pelo duelo que o vitimara. Reconhecia que ele mesmo, Louis, fora quem desafiara o conde e perdoava-o. Preferia recordar que Ferdnand fora seu amigo, que muito o beneficiara, que fora mesmo o seu amparo durante os difíceis dias em que lutara tentando vitória na sociedade. E assim, lentamente, ia fazendo jus a um melhor estado espiritual. E tanto orou e suplicou arrependido, que o reconforto de Mais Alto baixou sobre ele, alvorecendo esperanças na caligem do seu coração.

Uma vez conhecedor das realidades da vida no Invisível, o Espírito que olvidou o próprio dever na vida terrena entra a curtir o sofrimento pelos delitos perpetrados, não se satisfazendo com o simples arrependimento nem com o perdão com que lhe possam favorecer. Ele quer mais, muito mais. Quer a reparação do mal praticado, o resgate do erro, quer o sacrifício, a confiança, o amor daquele a quem feriu ou prejudicou numa hora de insensatez. Ele quer lavar a consciência das máculas desonrosas que a toldam, e não consegue paz nem alegrias enquanto não sente que a consciência se satisfez com o sacrifício que a redimiu, desanuviando-se das miseráveis sombras que a empanavam.

Louis encontrava-se nas condições acima expostas, mas sua mãe veio em seu socorro:

— Para que possas ingressar em regiões espirituais amenas, meu filho — dizia ela —, terás que progredir um pouco mais, alijando da mente os pensamentos negativos a fim de adquirir novas percepções espirituais, que te permitam compreender e sentir a realidade da ambiência onde viveres. Por sua vez, esta será o fruto do teu próprio labor, pois a ambiência em que de preferência vivemos nesta vida do Espírito será criação nossa, se não for o produto caridoso daqueles que nos amam e que nos aceitarão em seu meio, se tivermos capacidade para vibrar com o diapasão moral-intelectual que eles próprios adquiriram...

— Mas como conseguir essa posição brilhante que me descreves, querida mãe? Que hei de fazer para adquirir o grau de percepções sutis que me permitirão acompanhar teus passos até onde se localiza a tua morada espiritual?

— Pelo trabalho, meu filho, pois a alma livre do corpo também trabalha, pela luta em busca do progresso, pela dor, pelo amor a Deus, aos homens e aos Espíritos, como nós, pela fidelidade ao bem, ao dever e à justiça. O progresso do Espírito, suas conquistas, suas glórias, ele as deverá ao próprio esforço de cada dia, através do tempo. Para obteres paz, portanto, urge que esqueças o passado de paixões, que te perdeu, pela necessidade de te instruíres no conhecimento das Leis de Deus e te revigorares para reparar esse passado deprimente que acabas de viver. É preciso que examines a ti próprio, analises as falhas que tens e te prepares para corrigi-las em tua próxima volta à Terra. Deixar-te-ei só por algum tempo, pois será necessário que ajas por ti mesmo. O auxílio, meu ou de outrem, virá a seu tempo, não ficarás desamparado.

No entanto, Louis, tímido, alarmado ante a ideia de se ver só na indecisão dos primeiros passos na vida espiritual, exclamou, banhado em lágrimas:

— Não, minha mãe, não me abandones! Como me poderei ater com estas recordações amargas tão vivas, estes remorsos, estas saudades, este temor, que me afligem? Por Deus, não te vás, ajuda-me a reconquistar aquela paz que me davas em minha infância...

— Sozinho, agora, recuperarias mais facilmente as próprias energias. Em sua misericórdia suprema Deus já nos concedeu muito, permitindo que eu te pudesse falar e consolar, orientando os teus primeiros passos. Procura orar, meu Louis, pedindo forças a Deus para te conduzires devidamente. E não te esqueças do que acabo de dizer: a ti próprio hás de dever a tua felicidade de Espírito. Pelo trabalho, pela luta, pela dor, pelo amor a Deus e ao próximo, pela observação à justiça e ao dever. Comece, pois, a trabalhar desde já, raciocinando sobre os meios da reparação que pretendes junto a Henri.

Claire de Sourmeville retirou-se sutilmente, desaparecendo das vistas do filho querido. Este, então, atentou melhor sobre o local em que se encontrava e reconheceu-se num leito de hospital modesto, mas tranquilo e muito claro. E estranhou, sobretudo, a semelhança desse local com a enfermaria do Presbitério, onde Romolo e Thom acolhiam os enfermos pobres das três aldeias amparadas pelas suas virtudes de cristãos.

Assim é que, em Além-Túmulo de nada valem as prerrogativas humanas, nem os títulos nobiliárquicos, nem as glórias terrenas. Ali somente as prendas do coração, adquiridas nos caminhos do amor e do sacrifício, têm realmente valor. Infelizmente, o homem só se convence dessa grande verdade ao penetrar, destituído de virtudes, na realidade da vida espiritual.

* * *

Entrementes, Henri encontrava-se em ambiência espiritual evocativa do Presbitério, que lhe era familiar e confortadora, assim como Louis. Em verdade, estavam separados e cada um permanecia na sua atmosfera pessoal, sem terem notícias um do outro. Muitas vezes, tal medida é necessária para que se não agravem as dores morais daqueles que se desentenderam na Terra e também a fim de que o tempo escureça mágoas e a ausência evite que as animosidades dos adversários prossigam em marcha destruidora.

Um dia, Henri viu Romolo à sua cabeceira. Aquele estado de indecisão durara meses. Durante esse tempo Romolo, alma angélica e virtuosa, abandonara o corpo carnal e alçara o Além, lúcido e feliz, prosseguindo no carreiro de beneficências que desde séculos passados palmilhava. Pediu e obteve das leis superiores do Além a graça de continuar servindo, na vida espiritual, as almas delinquentes daqueles a quem servira na Terra: Henri Numiers, Louis de Stainesbourg e Berthe de Sourmeville. Passados que foram os primeiros dias de timidez, durante os quais o Espírito que desencarna se aturde, levado pela diferença do meio ambiente, Romolo Del Ambrozzini reconheceu em si mesmo que fora, em existência anterior, o conde Carlos Filipe I de La-Chapelle; que desencarnara massacrado, com toda a sua família, durante a matança de São Bartolomeu, na França, por uma companhia de soldados comandada por Luís de Narbonne; que este, Narbonne, reencarnara como Henri Numiers, a quem ele, Romolo, amava e servia de boa mente desde a infância do mesmo; que Berthe fora sua filha naquela existência e chamara-se Ruth Carolina, mas que essa alma querida, ainda pouco trabalhada na luta pelo progresso moral, perdera-se ante a Lei do Todo-Poderoso porque, como Ruth Carolina, vingara a morte da própria família na pessoa de Luís de Narbonne, e que, portanto, errara muito, mas errara sempre por amor; que Marie Numiers existira, na mesma época, como preceptora de Ruth, exatamente como em Flandres; e que Arnold Numiers, tendo sido amoroso pai adotivo de Luís de Narbonne, sob a personalidade de monsenhor B., agora, com maiores razões, se pusera a odiar Berthe de uma forma a fazer temer o futuro espiritual da pobre delinquente. Estavam todos, portanto, fortemente entrelaçados pelo passado, fato perigoso, que entrelaça também o futuro em lutas ardentes pela redenção de todos. Examinando tais realidades, a alma generosa de Romolo sentiu no coração um amor porventura ainda mais profundo por aquelas entidades, e decidiu dedicar-se a todas, auxiliando-as em sua recuperação moral. Como Espírito, pôde localizar Ferdnand de Görs-Pracontal, e prestou-se a examinar a sua situação a fim de ver o que poderia tentar a seu favor. Dedicou-se então em benefício de todos eles, mas evitando ajudá-los a recordar o passado reencarnatório na França de Catarina de Médici, pois, excetuando-se Louis, nenhum deles estava preparado para esse importante evento.

Uma vez desperto, compreendendo a própria situação, nem por isso Henri se livrara dos sofrimentos acarretados pelo ato de suicídio. Inconsolável, vendo que se desgraçara sem desaparecer de si próprio, como fora seu desejo, ele agora via-se destituído de tudo, até mesmo da paz de consciência, de sua mãe, de Berthe, por cujo amor se matara. A seu lado, só a caridade de Romolo (a sua vítima do século XVI) guiando-o na situação equívoca em que se encontrava. De vez em quando choques terríveis, como convulsões nervosas, sacudiam-no todo e então Romolo e seus auxiliares assistiam às impressões da queda que Henri se permitira da montanha rochosa de Stainesbourg, sua descida pelo vácuo, seus gritos de socorro, o horror da catástrofe que o atingira e que levaria séculos a ser debelada. De outras vezes, porém, Henri chorava e orava, manifestava desejos de rever os que amava, queixava-se de dores pelo corpo, sentia-se entorpecido, paralítico, aleijado, certo de que o suicídio nada mais fizera do que agravar as torturas que o cruciavam. No entanto, não blasfemava, não se revoltava. Aceitou o agravamento das próprias dores como consequência dos próprios atos. E, submisso, aceitava também a direção de Romolo, passivo aos seus conselhos e advertências.

Berthe de Sourmeville, porém, a grande responsável pelo desbarato de Numiers e de Bruges não logrou asilo em ambiência amena, como o era a estância hospitalar de Louis e de Henri. Uma vez desprendida dos liames carnais viu-se acometida de pesadelos infernais, durante os quais seres mesquinhos, integrados em falanges malfeitoras, afligiam-na em visões que a exasperavam. Reconheceu-se, ao relento, pelas ruas de Bruges, onde brilhara pela beleza e o fausto desfrutado, a ver Louis tombando no bosque de Saint-Nicolas; ou em Numiers, a ver Henri se despenhando da montanha, ou ainda Ferdnand estertorando na terrível agonia do envenenamento. Tais visões enlouqueciam-na de horror, os remorsos exasperavam-na, pois aqueles três homens foram as grandes vítimas do seu amor, eles a amaram com fervor, mas a todos ela atraiçoara, vilipendiara, enganara. Em vão, bradava por Thom, chamando-o em seu socorro. Em vão, ia e vinha, à procura do Presbitério. Não atinava com o caminho que a conduzisse até lá, não encontrava o refúgio querido que a agasalhara na desgraça. O que ela encontrava era o vale tenebroso onde a sepultura de Henri se erguia, era a pobre tumba de Franz Schmidt coberta de pedras, no meio do campo, era o túmulo de Louis, era a sala de jantar do seu Palácio de Bruges, onde jazia eternamente o corpo de Ferdnand agonizante.

Confusão tremenda, implacável, como que a enlouqueceu durante muito tempo. Via-se em Numiers, a bela mansão que a acolhera, procurava Henri, procurava Marie. Mas apenas encontrava pai Arnold, que, chicoteando-a, expulsava-a chamando-a traidora e adúltera. Uma corte de bufões seguia-a às gargalhadas, atirando-lhe pedras e exclamando, em vozerio:

— As adúlteras são apedrejadas por ordem do profeta Moisés...

E ela, então, em correrias, aos gritos, sem pouso, sem esperança, sem tréguas indagava de si mesma:

— Que aconteceu comigo? Que se teria passado? Isso será realidade ou delírio? Quem sou eu? Que foi feito de mim? Sou eu ou em mim existe outra pessoa? Henri, socorre-me, quero voltar para nosso antigo lar, mas teu pai chicoteia-me, fere-me. Padre Romolo, Thom, socorram-me, defendam-me destes algozes, tenham compaixão de mim!

E, além desses pesadelos, a visão dos seus atos incorretos, pois, um dos tristes privilégios do Espírito criminoso é a vivacidade aterradora da própria imaginação, que o tortura com a paginação eloquente dos próprios atos vergonhosos, das faltas cometidas nas horas do desenfrear das paixões.

E assim se passou longo tempo, sem que ela pudesse perceber se horas ou séculos se sucederam em seu derredor.

Um dia, no entanto, deixou-se cair exausta, sem saber onde caía. Um alquebramento invencível abateu-a. Sentia o ser dolorido, as chicotadas de Arnold magoavam-na, um terror descomedido do próprio futuro atingiu-lhe as sensibilidades, reconheceu-se miserável, sem lar, sem amparo, as vestes rotas, enlameadas. Não mais as sedas do luxo, as pedrarias das joias, a beleza das formas: não passava, agora, de um vulto repelente recoberto por um sudário negro, desgrenhado, feio, aspecto próprio dos infames em Além-Túmulo. Pôs-se a chorar e caiu desfalecida em local que se lhe afigurava a beira de uma estrada. Doloroso atordoamento sobreveio. Parecia um desmaio. Ela arquejava soluçante. Subitamente, porém, viu que um vulto níveo se aproximava. Um perfume doce de rosas reconfortou-lhe o olfato enquanto um raio de esperança aqueceu-lhe o coração. O vulto abaixou-se sobre ela, soergueu-a nos braços como se ela fosse uma criança. Um aposento surgiu em suas fracas percepções. Uma claridade protetora de sol, que se irradiava, penetrando o ambiente, indicou-lhe que estava sendo socorrida. O vulto amigo depositou-a sobre um leito macio e murmurou aos seus ouvidos:

— Descansa, minha Berthe, nada mais temas. Sou eu, o Thom, que sempre te amou. Estás em tua casa de Além-Túmulo, pois estás em minha casa...

E a infeliz adormeceu sob a injunção daquela voz protetora.

4

As primeiras lições

Muitos anos se passaram depois dos últimos acontecimentos aqui narrados. Sobre a Terra vivia-se agora os meados do século XVIII. Nem uma só das nossas antigas personagens vivia agora na Terra. Todas haviam ingressado na vida espiritual, continuando ali as ardentes lutas pela redenção ou preparando-se para o retorno às paisagens terrenas, em novos testemunhos indispensáveis ao próprio progresso. Outros mentores espirituais investidos de responsabilidades mais diretas substituíram Romolo e Thom na vigilância a Louis Fredérych e Henri Numiers, os quais agiam livremente, depois de receberem instruções e conselhos necessários. Henri, porém, não dispensava a assistência dos seus bons amigos Romolo e Thom e frequentemente lhes rogava que o não abandonassem. Eram diferentes, portanto, as tendências dos dois Espíritos, e Louis apresentava maior progresso, visto que era resignado, humilde e submisso. Dedicara-se à beneficência a sofredores das regiões infelizes do Espaço e da Terra, e aprendera, com seus amigos espirituais, a espalhar o bem e o consolo, a esperança e o auxílio por onde quer que passasse. Mas Henri, tolhido pelos complexos do suicídio, envergonhado diante dessa falha tremenda e irremediável, habilitava-se para uma futura encarnação enquanto auxiliava Romolo nos múltiplos afazeres da vida do Invisível. Sabia que lhe era necessário reencarnar a fim de remediar os próprios complexos vibratórios deixados pelo suicídio que praticara. Recusara-se até ali a habitar novo corpo, sentia horror à Terra e à sociedade humana, e sofria, incapaz de olvidar o seu infeliz amor por Berthe de Sourmeville. Pouco progredira, portanto, pois a fim de atingir certos conhecimentos espirituais seria necessário que ele primeiramente corrigisse suas impressões de suicida, que desequilibravam a harmonia do corpo espiritual, orientador da vida, e ele não se curara ainda das comoções que o faziam reviver a queda monstruosa da montanha de Stainesbourg e perder-se em alucinações que lhe convulsionavam o ser. Seu desejo de permanecer ainda livre de um corpo carnal fora respeitado, pois as Leis do Todo-Poderoso jamais violentam o Espírito a uma reencarnação que o repugne. Muitas vezes Romolo dizia-lhe:

— Reanima-te, meu filho, e toma novo corpo. A angústia que te conturba, a situação medíocre que manténs aqui só se modificarão depois que habitares um corpo material cuja grosseria seja capaz de deter tuas vibrações viciadas pelo traumatismo mental que o suicídio criou. É preciso reconciliar-te contigo mesmo, agir para progredir melhor.

— Mas sei que serei um aleijado, meu padre, que me tornarei um trapo humano, quase tão monstruoso quanto ao que reduzi meu corpo saudável e belo...

— Não tanto! Se nasceres de pais sadios, a hereditariedade carnal far-te-á até belo. Lembra-te de que a armadura carnal será a forma rija que deterá tuas impressões mentais impressionadas pelo trauma. Se fores um aleijado será porque tua mente provocará o aleijão, mas o certo é que poderás nascer perfeito. Ora e vigia, Henri Numiers, recorre a Deus, encoraja-te, meu filho!

— Temo perder a minha Berthe para sempre, separando-me dela pela encarnação. Não serei feliz jamais senão com ela a meu lado...

E desfazia-se em pranto, desanimado e infeliz.

Por esse tempo, já ele se capacitara de que em sua anterior existência fora um fanático religioso militar e chamara-se Luís de Narbonne. Revivera, diante de Romolo, voluntariamente, os trágicos dias de São Bartolomeu e reviu-se massacrando a família de La-Chapelle, enganado e traído pela bela Ruth Carolina, que vingara a família. Reconheceu em Romolo e em Thom os dois magníficos chefes dessa família, Carlos Filipe I e Carlos Filipe II de La-Chapelle. Porém, se chorara nos braços de ambos esse passado desolador, também se reconfortara na certeza de que fora perdoado por toda a família, que a ela também pertencera nos séculos anteriores. Só não obtivera ainda o perdão de Ruth:

— Hei de obtê-lo, meu pai — dizia ele —, ainda que me sejam necessárias seguidas existências de dores e sacrifícios. Todos me perdoaram, já expurguei aquele crime como judeu espanhol perseguido e morto na fogueira, por que Ruth não me perdoa?

E encheu-se de piedade ao rever em seu pai, Arnold Numiers, o velho monsenhor de B., e em sua mãe, Marie Numiers, aquela austera dama Blandina, que resgatara a cumplicidade com Ruth contra ele, no século anterior, como sua mãe dedicada, humilde e sofredora, no presente.

A reencarnação apareceu-lhe então como Lei divina de evolução, capaz de elevar o pecador do opróbrio do crime à santificação do espírito por meio do trabalho, da dor, do amor, no período de vidas sucessivas. E um grande reconforto e uma grande esperança suavizaram-lhe as dores que padecia.

Entrementes, Louis de Stainesbourg muito se adiantara durante esse longo tempo. Contudo Henri continuava com o pesadelo da sua consciência e ele se afligia por não ter sido ainda possível revê-lo, falar-lhe, suplicar-lhe perdão. Em verdade, ele desejava mais amplas reparações e empenhava-se no estudo de poder realizá-las. Em seu ser haviam-se extinguido as sombras de mágoa que durante algum tempo nutrira por Berthe e Ferdnand, e grande piedade e um compassivo amor por ela dulcificava agora o seu coração. Sua mãe, mentora espiritual mais assídua a seu lado, não só alimentava tais propósitos como guiava-o em meditações e estudos indispensáveis aos testemunhos ainda necessários ao seu progresso geral. Todavia, a lembrança de Henri preocupava-o e ele sabia que não conseguiria paz enquanto não se reconciliasse com ele e recebesse o seu perdão:

— Necessitarás de uma nova existência para que essa reconciliação se efetive, meu filho! — insistia sua mãe em adverti-lo. — Lembra-te de que tua traição causou a desgraça de uma família e o suicídio de um filho de Deus. Por tua causa Henri retardou o próprio progresso geral, sofre superlativamente, e dois séculos não serão bastantes para que ele deixe de sofrer. É necessário voltar à Terra e reparar o erro!

— Estou pronto para isso, minha mãe querida. Aconselhai-me!

E Claire aconselhava-o, instruindo-o na vida espiritual e no conhecimento do Evangelho do Cristo de Deus em espírito e verdade, enquanto ele se edificava e todo se entregava ao doce mister de buscar e conhecer as coisas de Deus.

Seus amigos espirituais observavam, quando ele lhes solicitava auxílio para a reencarnação:

— Para a reparação que necessitas será preciso que renasças ligado a Henri por fortes laços de parentesco. Mas ele precisa ser ouvido também a fim de aceitar ou não o alvitre salvador. E Henri não se acha ainda em condições de deliberar sobre tão importante assunto. Caso ele se negue a ter-te ligado por laços de parentesco, a lei facultar-te-á o direito de reparar em outrem, nas mesmas condições que ele, o que a ele deves.

Quanto a Berthe ficara, de início, sob tutela de Thom, temporariamente asilada em sua habitação espiritual. Seria necessário protegê-la contra as hordas obsessoras que farejam entre os delinquentes desencarnados elementos adestráveis para o seu bando sinistro. Arnold, também desencarnado, perseguia-a, e a caridade mandava que Berthe fosse socorrida antes da crise do sono reparador. Se os obsessores a surpreendessem durante aquele sono arrebatá-la-iam para o seu grupo e difícil seria reavê-la. Thom sabia disso. A lei de fraternidade que regula o mundo espiritual facultava-lhe a possibilidade desse socorro. Thom pediu ao Alto um auxiliar para socorrer Berthe. Apresentou-se então Marie Numiers disposta a reiniciar, ante a Berthe que fora tão querida ao seu Henri, a proteção maternal que lhe vinha dedicando desde o século XVI. Assim, pois, Thom levou-a, adormecida, para a habitação que lhe convinha: o cenário espiritual da mansão Numiers com sua paisagem dos dias felizes. Ali foi Berthe internada e passou por longo período de sono, até que despertou com forças bastantes para tudo compreender e iniciar a própria reeducação sob tutela daqueles dedicados amigos. Ela reconheceu, então, o lar amigo que fora abandonado e cuja reprodução espiritual agora a agasalhava na desgraça. Reconheceu os jardins, os pomares, os castanheiros, as cerejeiras, e uma saudade cruciante do passado arrancava-lhe lágrimas de pesar pelo que fizera. Em vão procurava Henri. Ela estava só com Marie, que velava por ela, diante da solidão daquela Quinta formosa, mas abandonada. Além, a montanha de Stainesbourg, majestosa e sinistra. Ela contemplava-a, lembrando-se de que Henri atirara-se dela, desesperado pelo seu abandono, e então, presa de alucinações da mente culpada, via-o despenhar-se batendo de pedra em pedra e gritando por socorro, até desaparecer no fundo do vale. Sobrevinham para ela, então, crises ardentes de remorsos, ela retorcia-se, debatia-se contra a visão, rogava perdão, blasfemava, chorava em altos brados. Marie, porém, chegava e aliviava-a, orando sobre ela, levava-a para o leito, onde ela reconhecia o mesmo leito que fora o seu, fazendo-a repousar.

Entretanto, Thom não perdia tempo. Visitava Berthe frequentemente, instruindo-a quanto à conduta que devia observar. Falava-lhe da necessidade de procurar Deus e iniciar o trabalho dos resgates necessários, pois era um Espírito delinquente, e se iniciasse aprendizagem adequada imediatamente muito mais fácil seriam as reparações terrenas futuras. Essa aprendizagem consistia na prática do bem, no exercício da caridade, no estudo das Leis divinas que ela inflingira, nas considerações a respeito dos próprios erros, espécie de exame de consciência que a levaria ao desejo de emendar-se e à vontade de expiar o passado no trabalho de realizações edificantes. No isolamento daquela mansão, assistido pelas luzes de Mais Alto, o virtuoso Thom levou Berthe a um retrospecto dos próprios atos até a existência anterior. Ela ficou, então, ciente de que vivera nos tempos de Catarina de Médici e fora sua cúmplice no caso Luís de Narbonne. Seria necessário perdoá-lo definitivamente, pois ele muito já sofrera e merecia ser perdoado por ela. Ela reencarnara em Flandres a fim de apagar esse drama acerbo e redimir-se, como sua esposa. Mas reincidira no crime de traição, não se redimira, antes agravara a situação praticando erros porventura mais nefastos que o primeiro.

À evocação de Luís de Narbonne, então, ela estendia recordações até Henri Numiers, reencarnação daquele, e caía em prantos. Atirava-se nos braços de Thom e exclamava inconsolável:

— Thom de minha alma, tu bem sabes que errei por amor de ti e daqueles a quem amávamos. Hoje eu não mais odeio Luís de Narbonne, arrependo-me do que fiz e amo-o na pessoa do meu pobre Henri. Sou muito desgraçada, Thom, e sei que levarei muito tempo ainda sofrendo. Amo Henri, sim, mil vezes sim! Mas amo também Louis, e entre os dois eu jamais saberei escolher!

— Será necessário sublimar esse amor, minha Berthe, amando-os espiritualmente, como a irmãos, assim, como me amas, como eu te amo. O amor fraterno é doce, compassivo e eterno, e jamais provoca desgostos...

Berthe, porém, ainda não compreendia a sutileza do amor espiritual, amava Henri e Louis com o amor humano e sofria, saudosa de ambos até o desalento e o desespero.

Entrementes, Romolo Del Ambrozzini prometera a si mesmo examinar a situação de Ferdnand de Pracontal e cumprira a promessa. A lei de caridade faculta a qualquer de nós o auxílio ao próximo e nada nos é vedado se nos dispusermos a praticar o bem. Assim foi que procurou informar-se a respeito de Ferdnand e investigou sua situação. Viu então que esse antigo titular terreno era um Espírito medíocre, assaz fraco. Que não fora um homem propriamente mau, e sim o fruto da sua época materialista e frívola. Que seu mais acentuado defeito era a inclinação para os apetites sexuais, a fascinação pela mulher, o gosto pela boêmia. Que amara sinceramente Berthe e se desorientara ao constatar que não era amado por ela e que não passava de um joguete em suas mãos interesseiras. Que não se bateria em duelo com Louis se por este mesmo não fosse desafiado, porquanto jamais pensara em matá-lo. Que morrera sem ódios no coração, porém, surpreso com a traição de Berthe. Que, uma vez desencarnado, durante muito tempo permaneceu como que moribundo, sofrendo os efeitos do veneno, estorcendo-se em dores reflexas mentais do corpo espiritual. Que permanecera longo tempo no Palácio Stainesbourg, onde desencarnara, ou no seu próprio palácio, de Bruges, onde residira. Que, não sendo mau, era, no entanto, egoísta, não medindo consequências para satisfazer os próprios desejos, e que estava dominado, na ocasião, por Espíritos também endurecidos, como ele, comparsas das suas leviandades de boêmio, e que tudo indicava que ainda demoraria a renovar os próprios sentimentos para consigo mesmo e para com Deus. Romolo fez mais: transportou-se a Bruges e procurou Ferdnand. Encontrou-o perambulando pelas ruas, acompanhado por uma coorte de entidades nocivas, como ele, sem o mínimo de responsabilidade espiritual. Envolvido em faixas vibratórias escuras sem serem negras, gargalhava com os companheiros procurando gozar o máximo os deleites humanos, até mesmo as libações do álcool. Esforçando-se por cumprir os deveres cristãos de amor e fraternidade, Romolo e Thom, baixando as próprias vibrações para se tornarem compreendidos, fizeram-se visíveis ao infeliz boêmio, revelaram sua qualidade de sacerdotes do bem e convidaram-no a um recolhimento para a análise da nova situação. Ferdnand, muito delicadamente, como convinha a um fidalgo para com os homens da Igreja, revelou que agradecia o interesse por ele, mas que se sentia bem e era feliz, que nada lhe faltava e não se sentia criminoso para penitenciar-se diante de um sacerdote. Que os duelos que tivera foram lícitos, autorizados por autoridades competentes, e que, se vencera adversários, também arriscara a vida, e que, se necessitasse, algum dia, do socorro da Igreja, não trepidaria em procurá-lo. Romolo compreendeu então que Ferdnand temia a verdade e procurava enganar a si mesmo com um modo de vida espiritual fictício que somente dores futuras acarretaria. O caso de Ferdnand seria, pois, desses entregues à lei do progresso, que por si mesma age em benefício do delinquente, e não insistiu. Mas passou a protegê-lo com as suas caridosas orações.

Durante esse longo tempo Romolo, Thom, Claire de Sourmeville, Marie Numiers, Olivier de Guzman e demais amigos de velhas épocas reencarnatórias haviam se dedicado em benefício de Berthe, de Henri e de Louis. Agora, nada mais era possível tentar. Esses pobres delinquentes precisariam voltar aos cenários terrenos, como Espíritos encarnados, a fim de testemunharem as qualidades boas já adquiridas durante o estágio no Invisível, o arrependimento das faltas cometidas e os necessários resgates. Sem que tal medida fosse tentada, não mais poderiam progredir. Os grandes erros cometidos durante a vida planetária não podem ser reparados no Além. Será necessário o recurso decisivo da reencarnação, medida insofismável que atesta, sem sombra de dúvida, a firme decisão da emenda e a resolução da prática do bem. As nobres entidades amigas, portanto, deliberaram pedir instruções aos mentores mais elevados, responsáveis diretos pelos três delinquentes em pauta, e mais Ferdnand de Pracontal, de quem Romolo se apiedava profundamente. Os mentores atenderam bondosamente a solicitação e programaram uma reunião decisiva a respeito do assunto, reunião a que Berthe, Henri e Louis deveriam assistir.

5

Preparativos

A primeira personagem a chegar ao local da reunião com os mentores espirituais foi Berthe de Sourmeville. Viera acompanhada de Marie Numiers, sua preceptora ainda e sempre, e patrocinada por Antoine Thomas de Vermont, seu irmão de antigas etapas reencarnatórias.

Reuniões dessa natureza, em Além-Túmulo, são comuns, mesmo rotineiras, mas não trazem, certamente, fórmulas obrigatórias, caráter geral. Variam na apresentação e na forma, para se padronizarem na motivação a que se destinam e na responsabilidade do assunto a tratar.

O local da reunião, porém, nem era região sublimada do Espaço nem ambiência apropriada para o fato. Era, sim, o próprio Presbitério, ou o seu prolongamento espiritual.

Já ali se encontrava Romolo, benemérito guardião dessa falange delinquente, acompanhado de dois varões espirituais de grande categoria moral, que presidiriam a reunião e deliberariam sobre a situação dos três devedores Espíritos.

De cenho carregado e cabeça inclinada para a frente, denotando constrangimento, Berthe mantinha-se em ansiosa expectativa.

O momento era dos mais solenes e delicados para todos, pois seria a acareação dos três delinquentes com os seus protetores espirituais.

Louis de Stainesbourg entrou em seguida, amparado por sua mãe, visto que seu pai não se encontrava em Além-Túmulo, e sim na Terra, em novas tarefas necessárias ao próprio progresso. Encontrava-se sereno e confiante e seus modos eram discretos e humildes. E a seguir entrou Henri Numiers, escoltado por seu velho amigo e protetor desde a vida terrena, Olivier de Guzman, cuja desencarnação havia muito também se verificara. E logo atrás Franz Schmidt protegido pelo padre Romolo, ligado a esse drama por ter amado Berthe e por ela ter sido ludibriado, ao passo que os maus-tratos e humilhações recebidos de Henri o levaram ao suicídio. Tímido, humilde e discreto, Franz aguardava os acontecimentos confiantemente.

Henri Numiers dir-se-ia enfermo. Agitado por tremores e estremecimentos constantes, via-se que ele não conseguia paz interior e que pungente angústia o oprimia. Não reconheceu Berthe nem Louis, talvez nem mesmo os tivesse visto. Estes, porém, o viram e reconheceram e deram expansão a cruciante pranto, sem, no entanto, se falarem e mutuamente se aproximarem a fim de se cumprimentarem. Tolhia-os a vergonha, a certeza de que haviam errado e que, agora, a Lei do Todo-Poderoso separava-os por meio da consciência culpada deles próprios. Henri, porém, reconheceu Franz Schmidt e pediu-lhe perdão, desfeito em lágrimas, abraçado a ele.

Romolo iniciou a cerimônia, que seria breve, pois não podiam perder tempo:

— Amados filhos — começou ele —, cujas vidas acompanhei do berço ao túmulo, estou certo de que não ignorais que não podereis melhorar a própria situação sem que aceiteis o retorno aos cenários terrenos em novo corpo carnal. Vosso delito perante a Lei suprema de Deus foi grave e não poderá ser resgatado tão só na Espiritualidade, pois ofendestes a Lei divina, a sociedade terrena, o lar, a família, a vós próprios, com os maus testemunhos que destes. É preciso, portanto, lavar a consciência dessas máculas com os testemunhos de resistência ao mal que praticastes. É preciso a prova do perdão de uns aos outros durante os fogos das lutas terrenas. A reencarnação é o recurso supremo que o Todo-Poderoso vos concede para vos libertar do pecado que entenebrece vossas consciências, a fim de poderdes conquistar definitivamente a paz íntima. A reencarnação é bendito ensejo que Deus vos concede a fim de vos reabilitardes do mal praticado e não sofrer eternamente. Nada mais conseguireis aqui, entre nós, sem vos reabilitardes dos graves erros passados. Nossos mestres aqui presentes trazem a concessão do Alto para poderdes reencarnar. Esta concessão está na lei natural do progresso e não deveis rejeitá-la. Se o fizerdes, agravareis os próprios sofrimentos. Não obstante, sois livres de escolher o gênero das lutas pelos testemunhos, o local, a família onde reencarnareis, e até o país onde vivereis. Se, no entanto, não quiserdes partir agora, vossa vontade será respeitada.

— Submeto-me à Lei, estou decidido e pronto para partir. Desejo ser irmão de Henri Numiers, amá-lo, ajudá-lo, consolá-lo, devotar-me a ele. Quero ser traído como eu próprio traí agora — falou Louis de Stainesbourg.

— Lembra-te, meu filho, de que, depois de atraiçoar Henri, em Numiers, foste atraiçoado em Bruges...

— Não foi bastante. Sei que vivi em França do século XVI e fui o príncipe Frederico de G. Abusei de minhas possibilidades e acobertei o crime de Ruth Carolina, traindo vilmente Luís de Narbonne e deixando-o morrer de desespero num cárcere subterrâneo. Luís de Narbonne é, agora, Henri Numiers. Quero retirar da consciência esse drama terrível. Quero dedicar-me a Deus, ao meu próximo, sacrificar-me na prática da beneficência aos sofredores. Quero sofrer, Deus do Céu! para jamais me desviar de vós, e quero abolir de minha vida as doçuras do matrimônio para somente amar o meu próximo com aquele amor que Jesus Cristo nos ensinou a sentir.

Louis falava desfeito em lágrimas. Era sincero e forte na decisão. Os mentores aprovaram:

— Raciocinaste bem, Louis Fredérych de Stainesbourg, mas a Lei concede-te prazo longo para meditar sobre esse programa redentor. A ser assim, teus sofrimentos serão profundos, meu filho! Medita, pois, para não acontecer que esqueças novamente os compromissos assumidos conosco.

— Há muito venho meditando sobre tudo isso. Eu desejo, sinceramente, lutas e humilhações, venerandos mestres!

— Contudo, terás concessões: tiveste uma existência financeiramente difícil, foste resignado e humilde, discreto e amoroso. Renascerás em família abastada, que te considerará como mereces.

— E tu, Berthe, minha querida filha, que decides a teu favor? — indagou Romolo, com lágrimas no coração.

Sem erguer a cabeça e fitar quem quer que fosse, Berthe respondeu incisivamente:

— Sei que sou uma desgraçada. Nada escolho, nada posso escolher. Entrego-me à Lei de Deus.

Um dos mentores presentes sentenciou, como aprovando o que ouvia:

— A Lei determina: *"A cada um será dado segundo as próprias obras."* Deste traição, Berthe de Sourmeville, receberás traição. Criaste ódio no coração dos que te amaram. Encontrarás ódio em torno de ti, minha filha. Entretanto, tudo isso poderá ser aliviado. Dependerá apenas do teu proceder diário.

— É o que mereço — respondeu ela.

— Que Deus se amerceie de ti — concluiu o mentor.

— Ofereço-me para auxiliá-la no que for possível. Peço permissão para reencarnar a seu lado, como seu irmão mais velho — rogou Thom comovido, o que foi concedido.

Franz Schmidt, banhado em pranto, entregou-se à Lei, submisso. Foi autorizado a voltar à Terra em melhores condições, pois fora honrado, trabalhador e humilde. Seu lar seria, então, o mesmo que fora o seu na aldeia de Numiers, isto é, renasceria na mesma família a que pertencera e sua mãe seria a mesma que ele ferira tanto com o suicídio. E Franz prometeu devotar-se à sua mãe, assim reparando o erro que cometera.

Quanto a Henri Numiers não fora consultado. Não possuía condições para raciocinar livremente e escolher o futuro. O mentor, porém, observou:

— Quanto a ti, Henri, aconselho-te a tomar novo corpo o mais depressa possível. Precisarás completar a existência que cortaste aos 27 anos. Precisarás curar-te desse traumatismo que infelicita o teu ser espiritual, e nada como o anteparo de um corpo carnal para corrigir tal anormalidade. Precisarás reconciliar-te com Deus e consigo próprio, e a dor é a grande educadora do nosso caráter. Tu mesmo traçaste o teu destino no dia em que te arrojaste de uma montanha para deixar de sofrer a dor de viver sem a mulher amada. Nada poderemos fazer por ti. O suicídio terá de seguir a sua rota sinistra até que se extinga o último vestígio dele nas tuas vibrações gerais. "*A cada um será dado segundo as próprias obras*", é preciso repetir sempre essa sentença inalienável proferida pelo Cristo de

Deus. Serás irmão carnal de Louis a fim de mais facilmente vos poderdes reconciliar. E, como foste amigo de servir o próximo, liberal, desprendido dos bens terrestres, não obstante possuí-los, renascerás em condições financeiras favoráveis ao conforto de que necessitarás na vida difícil que deverás levar.

Henri nada respondeu. Não tinha o que responder. Curvou-se ao imperativo da Lei. O mentor, porém, rematou:

— Foi pena que cometesses esse erro. Foi o único que cometeste, a par da humilhação infligida a Franz Schmidt. Os demais deslizes poderiam ser levados em conta da época brutal em que viveste. Não fora isso e agora estarias em condições felizes perante a Lei de Deus.

Arnold Numiers foi trazido a fim de ser aconselhado. Pediram-lhe que perdoasse Berthe pelo amor de Deus e a deixasse entregue à sua justiça e não a perseguisse jamais, pois a vingança seria prejudicial a ele próprio. Revoltou-se e quis agredi-la com uma faca — a faca de seu filho Henri, imagem mental que ele carreara para o Além — e foi necessário que ocultassem Berthe dele, para que não a prejudicasse. Pediram-lhe então que reencarnasse, para que seus sofrimentos fossem aliviados, pois ele, Arnold, não era mau, fora honesto, trabalhador, merecia dominar os próprios sofrimentos e isso estava em suas mãos realizar. Que abolisse o desejo de vingança que o alucinava e admitisse o perdão, pois o ódio cegava-o, tornando-o feroz.

Mas Arnold nem mesmo acabou de ouvir a bela arenga que lhe faziam. Fugiu do local... e seu livre-arbítrio foi respeitado.

E tudo assim foi feito.

Epílogo
A volta

A reencarnação de um Espírito ainda não evoluído pode até mesmo não ser percebida por ele, tal seja o seu atraso moral-espiritual. Nesse caso, ela será realizada pela lei de evolução que impulsiona sempre, naturalmente, para frente, para cima, para o progresso, tal como se verifica com todas as coisas e fatos da Criação divina. Mas é sempre controlada e estabelecida pelos mentores espirituais prepostos para o melindroso serviço, espécie de técnicos, de especialistas do assunto, auxiliados pelo guardião de cada pretendente ao retorno à Terra e, acima de tudo, pela Lei divina do amor, justiça e caridade.

Assim foi que, a fim de deliberarem definitivamente sobre a reencarnação das nossas personagens delituosas, reuniram-se esses técnicos para escolherem o que mais lhes convinha, isto é, local de nascimento, família, modo de vida, possibilidade a tentar etc.

Esse trabalho é sempre difícil de resolver, pois Leis divinas invariáveis devem ser obedecidas, mas entrando como fator importante a análise dos méritos e deméritos dos reencarnantes. Olivier de Guzman, que fazia parte da comissão de investigações do meio ambiente familiar a ser escolhido, indicou a família de Guzman d'Albret, da França, à qual ele próprio pertencera, para Berthe de Sourmeville nascer do seu sangue. Era uma família nobre, honrada, austera, cujos exemplos seriam lições diárias para esse pobre Espírito que vinha de errar no seio da família. Berthe foi, portanto, advertida de que poderia vencer no novo meio familiar, bastando apenas ser atenta ao cumprimento dos deveres que lhe seriam indicados dia a dia pelos exemplos e advertências. Que não se descuidasse dos deveres para com Deus e do respeito às suas Leis, pois Arnold Numiers, desencarnado, constituiria perigo para a sua paz porque a odiava, não quisera perdoar-lhe o crime contra Henri e poderia prejudicá-la se não moderasse o seu ódio, até mesmo anulando a sua existência com a obsessão. Antoine Thomas apresentara-se voluntariamente para reencarnar com ela na qualidade de irmão mais velho, a fim de reconfortá-la e guiá-la no que fosse lícito perante os seus deméritos, pois a vitória de Berthe dependeria apenas da obediência aos postulados do Evangelho.

Antoine Thomas reencarna, portanto, em certa família bretã, na França, à espera de Berthe de Sourmeville, e recebe o nome de Victor François Joseph de Guzman d'Albret.

Deliberado fora então, na mesma reunião, que Louis Fredérych de Stainesbourg e Henri Numiers reencarnassem na mesma família como irmãos gêmeos, a fim de que os laços fraternos corrigissem, de uma vez para sempre, as hostilidades que havia séculos se repetiam.

Interpelado se aceitaria ser irmão carnal de Louis, Henri respondeu, em lágrimas, que sempre o considerara irmão, e que a traição sofrida do mesmo não chegara a fazê-lo odiar porque Louis também sofrera muito, amava Berthe desde a infância, e ele, Henri, sabia-o arrependido do ato praticado, pois, frequentemente, ouvia as súplicas de perdão que o colaço dirigia a Deus em sua intenção. Louis, porém, como causador da desgraça de Henri, deveria auxiliá-lo agora, consolá-lo, ajudá-lo no seu calvário de suicida reencarnado, pois Henri seria um doente, um sofredor em testemunhos continuados de humildade, resignação e fé em Deus. E reencarnaram na família de Guzman d'Evreux. Estavam, portanto, Berthe, Louis e Henri, por um acréscimo de misericórdia da Lei divina, unidos como irmãos e primos, já que era tão grande o amor com que se haviam amado, a fim de provarem reajustamentos decisivos.

Quanto a Ferdnand de Pracontal não fora incluído na relação em pauta. Espírito insubmisso e voluntarioso, sem ser mau, seria impelido, certamente, pela lei do progresso e seus atos obedeceriam ao próprio livre-arbítrio acasalado com influências malsãs de entidades afinadas com seus sentimentos bastardos. (Ver o *Prólogo*.)

Romolo Del Ambrozzini, Marie Numiers, Claire de Sourmeville e Olivier de Guzman seriam os tutelares da pequena falange em provações e testemunhos à procura do aperfeiçoamento moral-espiritual. Os demais haviam vencido o drama do século XVI, mas delinquiram na etapa nova vivida na Flandres Ocidental, à exceção de Antoine Thomas, que, redimido, preferira reencarnar com o grupo delinquente a fim de ajudá-lo de algum modo.

E assim foi que mais um drama se desenrolou na Terra tendo como cenário a França, essa pátria de todos, para a reabilitação espiritual de pobres infratores das leis do amor e da justiça.

* * *

Estes foram os acontecimentos que deram causa ao drama desenrolado na província francesa da Bretanha e por mim observados na ambiência etérica da Flandres Ocidental, por intermédio das minhas faculdades psicométricas espirituais.

Nos dias presentes todas as personagens deste drama estão redimidas sob a inspiração imortal da lei do *amor a Deus sobre todas as coisas e ao próximo como a si mesmo*.

| O CAVALEIRO DE NUMIERS ||||||
EDIÇÃO	IMPRESSÃO	ANO	TIRAGEM	FORMATO
1	1	1976	10.200	13x18
2	1	1977	10.200	13x18
3	1	1978	10.200	13x18
4	1	1984	5.100	13x18
5	1	1985	5.100	13x18
6	1	1987	15.200	13x18
7	1	1991	20.000	13x18
8	1	1995	10.000	13x18
9	1	2003	3.000	12,5x17,5
EDIÇÃO	IMPRESSÃO	ANO	TIRAGEM	FORMATO
1	1	2003	2.000	14x21
2	1	2006	2.000	14x21
2	2	2008	2.000	14x21
2	3	2010	2.000	14x21
10	4	2011	2.000	14X21
10	5	2011	2.000	14x21
11	1	2014	3.000	16x23
11	2	2015	1.500	16x23
11	3	2016	2.500	16x23
11	4	2018	400	16x23
11	5	2018	1.000	16X23
11	6	2019	5.000	16X23
11	7	2019	1.500	16X23
11	8	2021	1.000	16x23
11	9	2021	300	16x23
11	IPT*	2023	200	15,5x23
11	IPT	2023	300	15,5x23
11	IPT	2023	100	15,5x23
11	IPT	2023	100	15,5x23
11	IPT	2023	250	15,5x23
11	IPT	2024	300	15,5x23
11	16	2024	6.000	15,5x23

*Impressão pequenas tiragens

O LIVRO ESPÍRITA

Cada livro edificante é porta libertadora.

O livro espírita, entretanto, emancipa a alma nos fundamentos da vida.

O livro científico livra da incultura; o livro espírita livra da crueldade, para que os louros intelectuais não se desregrem na delinquência.

O livro filosófico livra do preconceito; o livro espírita livra da divagação delirante, a fim de que a elucidação não se converta em palavras inúteis.

O livro piedoso livra do desespero; o livro espírita livra da superstição, para que a fé não se abastarde em fanatismo.

O livro jurídico livra da injustiça; o livro espírita livra da parcialidade, a fim de que o direito não se faça instrumento da opressão.

O livro técnico livra da insipiência; o livro espírita livra da vaidade, para que a especialização não seja manejada em prejuízo dos outros.

O livro de agricultura livra do primitivismo; o livro espírita livra da ambição desvairada, a fim de que o trabalho da gleba não se envileça.

O livro de regras sociais livra da rudeza de trato; o livro espírita livra da irresponsabilidade que, muitas vezes, transfigura o lar em atormentado reduto de sofrimento.

O livro de consolo livra da aflição; o livro espírita livra do êxtase inerte, para que o reconforto não se acomode em preguiça.

O livro de informações livra do atraso; o livro espírita livra do tempo perdido, a fim de que a hora vazia não nos arraste à queda em dívidas escabrosas.

Amparemos o livro respeitável, que é luz de hoje; no entanto, auxiliemos e divulguemos, quanto nos seja possível, o livro espírita, que é luz de hoje, amanhã e sempre.

O livro nobre livra da ignorância, mas o livro espírita livra da ignorância e livra do mal.

Emmanuel[1]

---

[1] Página recebida pelo médium Francisco Cândido Xavier, em reunião pública da Comunhão Espírita Cristã, na noite de 25 de fevereiro de 1963, em Uberaba (MG), e transcrita em *Reformador*, abr. 1963, p. 9.

O EVANGELHO NO LAR

Quando o ensinamento do Mestre vibra entre quatro paredes de um templo doméstico, os pequeninos sacrifícios tecem a felicidade comum.[1]

Quando entendemos a importância do estudo do Evangelho de Jesus, como diretriz ao aprimoramento moral, compreendemos que o primeiro local para esse estudo e vivência de seus ensinos é o próprio lar.

É no reduto doméstico, assim como fazia Jesus, no lar que o acolhia, a casa de Pedro, que as primeiras lições do Evangelho devem ser lidas, sentidas e vivenciadas.

O espírita compreende que sua missão no mundo principia no reduto doméstico, em sua casa, por meio do estudo do Evangelho de Jesus no Lar.

Então, como fazer?

Converse com todos que residem com você sobre a importância desse estudo, para que, em família, possam compreender melhor os ensinamentos cristãos, a partir de um momento de união fraterna, que se desenvolverá de maneira harmônica e respeitosa. Explique que as reflexões conjuntas acerca do Evangelho permitirão manter o ambiente da casa espiritualmente saneado, por meio de sentimentos e pensamentos elevados, favorecendo a presença e a influência de Mensageiros do Bem; explique, também, que esse momento facilitará, em sua residência, a recepção do amparo espiritual, já que auxilia na manutenção de elevado padrão vibratório no ambiente e em cada um que ali vive.

Convide sua família, quem mora com você, para participar. Se mora sozinho, defina para você esse momento precioso de estudo e reflexões. Lembre-se de que, espiritualmente, sempre estamos acompanhados.

Escolha, na semana, um dia e horário em que todos possam estar presentes.

O tempo médio para a realização do Evangelho no Lar costuma ser de trinta minutos.

---

[1] XAVIER, Francisco Cândido. *Luz no lar.* Por Espíritos diversos. 12. ed. 7. imp. Brasília: FEB, 2018. Cap. 1.

As crianças são bem-vindas e, se houver visitantes em casa, eles também podem ser convidados a participar. Se não forem espíritas, apenas explique a eles a finalidade e importância daquele momento.

O seguinte roteiro pode ser utilizado como sugestão:

1. Preparação: leitura de mensagem breve, sem comentários;
2. Início: prece simples e espontânea;
3. Leitura: *O evangelho segundo o espiritismo* (um ou dois itens, por estudo, desde o prefácio);
4. Comentários: breves, com a participação dos presentes, evidenciando o ensino moral aplicado às situações do dia a dia;
5. Vibrações: pela fraternidade, paz e pelo equilíbrio entre os povos; pelos governantes; pela vivência do Evangelho de Jesus em todos os lares; pelo próprio lar...
6. Pedidos: por amigos, parentes, pessoas que estão necessitando de ajuda...
7. Encerramento: prece simples, sincera, agradecendo a Deus, a Jesus, aos amigos espirituais.

As seguintes obras podem ser utilizadas nesse momento tão especial:

- *O evangelho segundo o espiritismo*, como obra básica;
- *Caminho, verdade e vida*; *Pão nosso*; *Vinha de luz*; *Fonte viva*; *Agenda cristã*.

Esse momento no lar não se trata de reunião mediúnica e, portanto, qualquer ideia advinda pela via da intuição deve permanecer como comentário geral, a ser dito de maneira simples, no momento oportuno.

No estudo do Evangelho de Jesus no Lar, a fé e a perseverança são diretrizes ao aprimoramento moral de todos os envolvidos.

FEB editora
Livro espírita para um novo mundo
www.febeditora.com.br
@febeditoraoficial
@febeditora

Conselho Editorial:
Jorge Godinho Barreto Nery – Presidente
Geraldo Campetti Sobrinho – Coord. Editorial
Cirne Ferreira de Araújo
Evandro Noleto Bezerra
Maria de Lourdes Pereira de Oliveira
Marta Antunes de Oliveira de Moura
Miriam Lúcia Herrera Masotti Dusi

Produção Editorial:
Elizabete de Jesus Moreira

Revisão:
Elizabete de Jesus Moreira
Neryanne Paiva

Capa e Projeto Gráfico:
Ingrid Saori Furuta

Diagramação:
Rones José Silvano de Lima – instagram.com/bookebooks_designer

Foto de Capa:
www.istockphoto.com/duncan1890

Normalização Técnica:
Biblioteca de Obras Raras e Documentos Patrimoniais do Livro

Esta edição foi impressa pela Gráfica Santa Marta, São Bernardo do Campo, SP, com tiragem de 6 mil exemplares, todos em formato fechado de 155x230 mm e com mancha de 116,4x180 mm. Os papéis utilizados foram o Off White Bulk 58 g/m² para o miolo e o Cartão 250/m² para a capa. O texto principal foi composto em fonte Minion Pro 11,5/15,2 e os títulos em Filosofia Grand Caps 24/25. Impresso no Brasil. *Presita en Brazilo.*